МИХАЭЛЬ ЛАЙТМАН

«ТАЙНЫ ВЕЧНОЙ КНИГИ»

КАББАЛИСТИЧЕСКИЙ КОММЕНТАРИЙ К ТОРЕ

ТОМ 6

«ПРИКАЖИ»
«ВОСЬМОЙ»
«ЗАЧНЕТ»
«ПРОКАЖЕННЫЙ»

МЕЖДУНАРОДНАЯ
АКАДЕМИЯ
КАББАЛЫ

Лайтман Михаэль
Тайны Вечной Книги. Том 6 / Михаэль Лайтман – Laitman Kabbalah Publishers, 2017. – 240 с.
Напечатано в Израиле.

Laitman Michael.
Secrets of the Eternal Book. Volume 6 / Michael Laitman – Laitman Kabbalah Publishers, 2017. – 240 pages.
Printed in Israel.

ISBN 978-965-7577-71-4
DANACODE 760-116

Подобного раскрытия Торы до сих пор не было. Дайте себе немного времени, войдите в материал, и, уверяю вас, вы не оторветесь от этой книги. Потому что почувствуете, что она – о вас. И она нужна вам, как близкий друг, который всегда поможет, придет на помощь, будет рядом и в горе, и в радости.

Семен Винокур, автор и ведущий серии передач с Михаэлем Лайтманом «Тайны Вечной Книги»

ISBN 978-965-7577-71-4
DANACODE 760-116

Copyright [c] 2017 by Laitman Kabbalah Publishers
1057 Steeles Avenue West, Suite 532
Toronto, ON M2R 3X1, Canada
All rights reserved

ОГЛАВЛЕНИЕ

ПРЕДИСЛОВИЕ 7

ГЛАВА «ПРИКАЖИ» 9
- ЧЕТЫРЕ ВИДА СМЕРТИ 10
- И ТОГДА ЗАГОРАЕТСЯ СВЕЧА 13
- ОГОНЬ ЗАЖЖЕН И НЕ УГАСНЕТ 17
- ЭТО НАЗЫВАЕТСЯ – ТОРА? 19
- «У МЕНЯ СВОИ ОТНОШЕНИЯ С ТВОРЦОМ» 22
- ПРИБОР, СОЗДАЮЩИЙ ЛЮБОВЬ 24
- БОЖЕСТВЕННЫЙ ПАТЕНТ, НЕИЗВЕСТНЫЙ ЧЕЛОВЕКУ 26
- МЫ – МУТАНТЫ? 30
- РАСКРУТКА ЭГОИЗМА 31
- ПОЧЕТНАЯ РАБОТА ТРУБОЧИСТА 39
- ЛЕВ ИЛИ СОБАКА 41
- ДЫМ СТОЛБОМ 43
- РАССКАЗ, В КОТОРОМ ВСЕ ПОВТОРЯЕТСЯ 47
- ХЛЕБНЫЙ ДАР 50
- ЗАЧЕМ УЧЕНЫМ ТВОРЕЦ? 53
- ЛЕСТНИЦА В НЕБО ПО ДИАГОНАЛИ 57
- ЕСТЬ ЖИЗНЬ, ЗАТЕМ СМЕРТЬ 60
- МАЛХУТ СТОИТ НА КРОВИ 64
- ПЛОД ДОЛЖЕН ДОЗРЕТЬ! 68
- И НЕ ТВОРЕЦ, И НЕ ЧЕЛОВЕК... 70

ГЛАВА «ВОСЬМОЙ» 75
- ПЛЫВУЩИЕ ПО РЕКЕ СМЕРТИ 76
- ТВОРЦА, КАК ТАКОВОГО, НЕ СУЩЕСТВУЕТ 78
- И СНОВА НА ДИВАН 81
- В ПОДВАЛ НА ЛИФТЕ 84
- СВИНЬЯ И ВЕРБЛЮД, КОЗА И КОРОВА 89
- ПОВАРЕННАЯ КНИГА КАББАЛИСТА 91

ЗАРЕЗАТЬ, ПРИГОТОВИТЬ И ПОДАТЬ ТВОРЦУ	94
СЕГОДНЯ ОН ПОЯВИТСЯ	97
БЫК И ЗОЛОТОЙ ТЕЛЕЦ	102
КРАСНАЯ ШАПОЧКА В ДРЕМУЧЕМ ЛЕСУ	105
ВИДИШЬ? – АНГЕЛ	108
НЕ ПРЫГАТЬ ВЫШЕ ГОЛОВЫ	112

ГЛАВА «ЗАЧНЕТ» — **115**

ДУХОВНЫЙ ГЕН ЕСТЬ У КАЖДОГО ЧЕЛОВЕКА	116
СМЕРТЬ В НАШЕМ МИРЕ И В ДУХОВНОМ	118
ЗАПАСИТЕСЬ БОЛЬШИМ ТЕРПЕНИЕМ!	121
ДЛЯ ЧЕГО ДАНО ТЕЛО	124
ЛИЧНОЕ ОЗЕРО И КУСОЧЕК ЛЕСА…	127
ЖЕНСКОЕ ЖЕЛАНИЕ	129
КРУГОВОРОТ ОТХОДОВ В ПРИРОДЕ	132
МЕНСТРУАЛЬНЫЙ ЦИКЛ – ЭТО СЕМЬ СФИРОТ	135
ЧИСТАЯ ФИЗИКА: ТАК РАБОТАЕТ ДУША	138
БЕРЕМЕННАЯ ЖЕНЩИНА СВЕТИТСЯ РАЗНЫМИ СВЕТАМИ	140
КАК САЖАТЬ. КАК РОЖАТЬ	142
НЕ НАША МЕДИЦИНА, А ПРИРОДНАЯ	146
ПОЛИЦЕЙСКИЕ И ВОРЫ	149
И ЕЩЕ НАДО ПОПРОСИТЬ	152
КОСИЧКИ, ХВОСТИКИ, УЗЛЫ	159
РЕФОРМЫ ИЛИ РЕВОЛЮЦИИ	162
ПАНДОРА И ЧЕРНОТА	166
ОГРОМНОЕ ПОЛЕ ЖЕЛАНИЙ	169
ОТМЫВАНИЕ ЧЕРНЫХ ДЕНЕГ	172
КАК НА РЕНТГЕНЕ	175
У ЖИВОТНЫХ — МОРДЫ, А У ЧЕЛОВЕКА — ЛИЦО	177
ГОЛОВА – ЭТО НАШ МИКРОПРОЦЕССОР	180
ЖЕЛТЫЕ, РЫЖИЕ, КРАСНЫЕ	183
ДЛЯ ЧЕГО НУЖНО ТЕЛО?	186
ПЛЕШИВЫЙ И ЛЫСЫЙ – ЧИСТ	188

ГЛАВА «ПРОКАЖЕННЫЙ» **191**

    УРОВЕНЬ МОШЕ – ЭТО НЕ ЧЕЛОВЕК   192

    НЕ ЖДАТЬ НИ УЛЫБКИ, НИ ДОБРОГО СЛОВА   195

    МЫТЬ – НЕ МЫТЬ? БРИТЬ – НЕ БРИТЬ?   198

    БОЛЬШОЙ ПАЛЕЦ ПРАВОЙ НОГИ   201

    ПРОКАЗА НА ДОМЕ   205

    ЗАЦЕПКА В ДУХОВНОМ МИРЕ   208

    ДОМ НЕ ПОДЛЕЖИТ РЕМОНТУ   212

    ЧЕМ БОЛЬШЕ ПРИБОРОВ, ТЕМ БОЛЬШЕ БОЛЕЗНЕЙ   216

    ЭТО И ЕСТЬ ВСЯ ТОРА   218

    СЛЕДУЮЩАЯ СТУПЕНЬ – РЕБЕНОК   221

    ГИМН ЛЮБВИ!   224

    ЖЕНЩИНА И ЛУНА   227

    ДУХОВНОЕ КАСАНИЕ   230

ПРИЛОЖЕНИЕ **235**

    ОБ ИЗДАНИИ «ТАЙНЫ ВЕЧНОЙ КНИГИ»   236

    СОДЕРЖАНИЕ ТОМОВ   236

    МИХАЭЛЬ ЛАЙТМАН   237

    СЕМЕН ВИНОКУР   237

    МЕЖДУНАРОДНАЯ АКАДЕМИЯ КАББАЛЫ   238

    УГЛУБЛЕННОЕ ИЗУЧЕНИЕ КАББАЛЫ – ЕЖЕДНЕВНЫЙ УРОК   238

    ИНТЕРНЕТ-МАГАЗИН КАББАЛИСТИЧЕСКОЙ КНИГИ   239

Предисловие

Когда мы снимали серию телепередач «Тайны Вечной Книги», мы все время ловили себя на мысли: «Лишь бы не прекращалось это чудо»...

Вот именно для того, чтобы сохранить это ощущение, мы и оставили все, как было.

Вот так, в виде свободной беседы все и происходило.

Мы получали ответы на сложнейшие вопросы.

Перед нами раскрывался волшебный мир Торы.

Точнее сказать, мы впускали ее в себя.

И открывалось нам, что это действительно инструкция, и действительно единственная в своем роде.

В книге все сохранено. И даже личные темы, которые вдруг возникали по ходу беседы, они тоже вошли в книгу.

Дорогие читатели, мы советуем вам, «отпустите весла» и начните сплавляться по этой великой реке жизни, которая называется каббалистический комментарий к главам Торы.

Читайте не торопясь, тогда вы почувствуете неповторимый вкус этой книги.

И захотите прочитать ее еще и еще раз.

У нас надежный проводник. Он чувствует эту реку, как свою, она для него – родная.

Каббалист Михаэль Лайтман раскрывает нам тайны Книги, в которой написано абсолютно все о каждом из нас.

О том, как нам жить.

Как быть счастливыми.

Двинемся же вслед за ним в это увлекательное путешествие!

Семен Винокур, автор и ведущий серии передач с Михаэлем Лайтманом «Тайны Вечной Книги»

Глава
«ПРИКАЖИ»

ЧЕТЫРЕ ВИДА СМЕРТИ

Мы начинаем новую главу. Она называется «Цав» («Прикажи»). В ней говорится о работе, совершаемой коэнами. По указанию Творца Моше приказывает Аарону прийти, одевает его в специальные одежды и показывает, как коэн должен себя вести, – об этом и рассказывает глава «Цав».

Я прочитаю отрывки из Книги Зоар, относящиеся к этой главе. Написано так:

«Повели Аарону» – это указание, как увенчаться духом святости, поднимая его все выше и выше. И как отделиться от духа нечистоты, опуская его все ниже и ниже со стороны Израиля в желании, в молитве, и со стороны коэнов в действии, в принесении жертв – каждый, как положено ему»[1].

Этим все и сказано – чисто духовное наставление.

Коэном называется высшая эгоистическая часть в человеке, которая, исправляясь, достигает самой большой высоты, потому что она самая низкая. В народе есть поверье, что у коэнов самый плохой характер. Они самые жесткие, самые твердые, черствые люди.

Почему? Потому что, когда ты исправляешь самый низкий эгоизм, то достигаешь самых больших высот.

Если исправляется самый последний преступник, то он поднимается выше всех?

Ну, нет! Речь не о том эгоизме, который есть у преступника (что-то стянуть, кого-то ограбить и прочее).

---

1 Книга Зоар с комментарием «Сулам». Сокращенное издание под ред. М. Лайтмана. Глава Цав, п. 16.
http://www.kabbalah.info/rus/content/view/frame/66454?/rus/content/view/full/66454&main

Для коэнов наивысшие законы *(цав)* – самые серьезные, духовные. Потому что эгоизм – огромнейший. Эгоизм пятой ступени.

Когда коэн выворачивает себя наизнанку, то с самой низкой ступени он поднимается на самую высокую. И тогда действительно может работать как предводитель народа, как духовный учитель. Он был выше всех по своему эгоизму, а сейчас он выше всех по своему альтруизму.

Коэнами становились самые эгоистичные члены общества?

Да, коэны – самые эгоистичные.

На протяжении всей истории каббалисты были самыми упорными, жесткими людьми, работавшими над собой только ради того, чтобы преобразовать себя в подобие Творцу. Снаружи этого не видно. Человек – вроде бы мягкий снаружи, но внутри никуда не сдвинешь его.

Он безжалостен к себе?

Не в человеческих качествах. Это не видно снаружи. То, что снаружи – это наше животное состояние. Оно совершенно не относится к духовному исправлению.

В быту каббалисты – обычные люди. Вся их работа – скрытая. Поэтому говорится – «тайная Тора», то есть скрытая от человеческих глаз. Все происходит внутри. Внутри они очень твердые, упорные, даже упертые, упрямые. Высший свет держит их в таком состоянии.

В каждом своем действии, в каждой минуте жизни каббалист находится в работе, в анализе: что с ним внутри происходит и как он может всего себя направить на правильный путь.

Он как бы отрезает все, что ему мешает?

Сначала человек анализирует, сортирует, потом сжигает, отрезает, умертвляет четырьмя видами смерти свои эгоистические намерения, оставляя чистые желания без эгоистических намерений. Затем начинает эти желания исправлять – присоединять их к альтруистическим намерениям.

Вместо того чтобы думать о себе, начинает думать о других. Вместо себя любить их. Вместо того чтобы заботиться о себе, он заботится о других. И так во всех аспектах жизни. Через других он проводит свои намерения на Творца.

Поэтому сразу решение не принимается? Либо решение принимается, но потом оно может измениться?

Оно может меняться, как путешествие по Синаю. В течение 40 лет проходят то, что можно пройти за неделю. Внутренне всё движется в одном направлении.

Но поскольку твой эгоизм всё время проявляется по-разному, то получается, что ты петляешь по Синаю, пока не вычистишь весь эгоизм.

Я начинаю понимать многие вещи. Кажется, будто бы это изменение предыдущего решения, а на самом деле нет изменения?

Нет. Есть уточнение его. Допустим, ракета летит по следящей системе и всё время корректирует себя. Сначала она отклонилась на некоторый угол в одну сторону, а потом – на какой-то угол в другую. Но курс она не меняет. Так и человеку кажется, что происходит изменение в решении, а на самом деле – нет.

Иначе говоря, основная сцена существует все время. И она одна – это приближение к Творцу?

Это будущее слияние человека с Творцом, со свойством абсолютной отдачи и любви в общем полном объединении между собой всех разбитых душ.

Идет поиск наиболее короткого пути?

Если постоянно все направлено на это, то ты идешь по оптимальному пути.

И ТОГДА ЗАГОРАЕТСЯ СВЕЧА

Сказано в Торе: «Повели Аарону…». Эта фраза – начало главы.

…это указание, как увенчаться духом святости, поднимая его все выше и выше. И как отделиться от духа нечистоты…

Это указание. Поэтому и глава называется «Прикажи»?

Да, начиная с этих слов, вся глава строится вокруг этого указания.

Далее говорится так:

«Огонь постоянный зажжен будет на жертвеннике, не угаснет». Это Тора, которая называется огнем, и о ней написано: «"Ведь такое Мое слово – подобно огню", – сказал Творец». То есть она должна светить «постоянно на жертвеннике», над Малхут.

Горят все девять сфирот, в них есть прямой и отраженный свет. И малхут должна постоянно подпитывать их. Это как светильник. Допустим, налито масло, и среди него стоит фитиль. Фитиль горит не потому, что горит масло, – масло не будет гореть. Масло горит только в той мере, в которой пропитывает фитиль. Сам фитиль тоже не горит. Так ведь?

Получается, что если есть соединение между маслом и фитилем, тогда масло в фитиле сгорает. Это олицетворяет свойство десяти сфирот. Девять сфирот – сам фитиль, намерение на отдачу различного вида. И малхут – материал, который горит, хотя сам по себе он не может гореть.

Правильное соединение малхут, которая питает первые девять сфирот, приводит к тому, что в этих девяти сфирот постоянно есть свет. Это называется *эш тамид*.

Но масло же уменьшается? Эгоизм уменьшается?

Если бы эгоизм уменьшался! Не всё похоже на наш пример.

Дальше Книга Зоар говорит о свече:

«Не угаснет» – конечно же, огонь Торы не угаснет, потому что нарушение не гасит огня Торы, однако гасит огонь заповеди. И тот, кто совершает нарушение, гасит огонь заповеди, называемой «свеча». Так он гасит «свечу тела своего» – то есть душу, о которой сказано: «Душа человека – это свеча Творца».

Совершивший прегрешение может погасить свечу. Но все равно существует окружающий свет, который в итоге приведет к тому, что появится свеча – соединение между свойствами Творца и свойствами человека. И свойство человека будет постепенно-постепенно исправляться в подобие Творцу.

Мы находим повествование об этом во многих местах. Например, в рассказе о Маккабим (Маккавеях), которые нашли всего лишь один кувшинчик масла, но оно горело у них восемь дней. Это олицетворение неугасающего огня, вечного огня, который символизирует постоянное устремление к чему-то, постоянную связь, память.

Когда говорят «вечная память», речь идет об этом вечном огне?

Это и есть по-настоящему та вечная память, которая должна быть в нас не только как напоминание, а как призыв к действию. Мы должны поддерживать в себе этот огонь. Мы должны быть в такой связи с высшим светом, с Творцом и нашим эгоистическим желанием, чтобы между ними был постоянный контакт и горел свет.

Свет горит оттого, что наше эгоистическое желание постепенно испаряется и служит материалом для огня, для света. Потому что самого света – нет. Нет Творца, нет света.

Что это значит?

Свет появляется только тогда, когда мы можем подняться до Его уровня и сделать из себя горящий огонь. Творца нет, Он поэтому называется *бо у рэ* (*Борэ*) – приди и увидь, и обнаружь.

В каком виде? Когда мы пытаемся сделать из себя свойство отдачи и любви, тогда поднимаются испарения от масла через фитиль и загорается свеча.

Форма этой свечи является образом Творца, свойством Творца, а также и образом человека. В этом случае образ человека – Адама (*домэ* – похож, подобен Творцу) – и Творца совпадают и находятся в слиянии между собой. Только в таком действии мы выявляем свет. Отдельно света нет.

Получается, что негорючий элемент начинает гореть?

Да, огня не существует без этого совершенно не горящего элемента. Он начинает гореть только при условии, что устремляется к подобию Творцу. Свет начинает проявляться именно на этой подложке.

Нет высшей ступени, нет Высшего мира. Он проявляется только тогда, когда ты создаешь его внутри себя из тех материалов, которые находятся перед тобой.

Перед тобой есть группа или много людей, которые хотят соединиться вместе, чтобы раскрыть свойство отдачи и любви в связи между собой. Когда между вами возникает такое свойство, тогда в результате компрессии, давления, желания соединиться вместе происходит возгорание. Между вами возникает именно этот свет, и он означает образ Творца, который проявляется между вами. Где он был до того? Нигде. Его не было!

Что значит – нигде не было?

Это для нас странно. Я всегда сталкиваюсь с тем, что человек не понимает: как это – нет Творца?

Творца нет: мы его создаем! Мы поднимаемся на высшую ступень – это следующий этап нашей эволюции – и достигаем состояния, в котором делаем Творца. Так и сказано в Книге Зоар: «*Атем оситем оти*» («Вы делаете Меня»). Делаем из свойств, которые создала и заготовила для нас Ацмуто – высшая сила, совершенно не раскрываемая нами.

Образ, который раскрывается нам и называется Творец, мы создаем в себе сами. Мы не можем постигнуть Его иначе: только в наших внутренних свойствах, внутренних сенсорах.

ГЛАВА «ПРИКАЖИ»

ОГОНЬ ЗАЖЖЕН И НЕ УГАСНЕТ

У меня возникла ассоциация: два камня ударяются друг о друга, выбивая искру, и искра зажигает огонь. Камни сами по себе не горят. Но вдруг – раз! – и зажигается свет. Если свет возникает, то это означает, что пройден весь путь подготовки к достижению этого соединения?

Да, после того, как есть контакт, человек идет вперед по другим принципам. Но это не значит, что он гарантировано защищен от всех трудностей. Наоборот, у него появляются всё большие обязанности относительно себя и других. Но вместе с тем он обнаруживает и большую поддержку.

Самая главная проблема – это взойти на первую ступень. После этого приходят совсем другие сложности.

Такое состояние можно сравнить с работой специалиста, который уже включился в свою профессию. Он уже предан ей, хорошо ориентируется в ней, и тогда начинают проявляться свои тонкости, свои проблемы, но это уже внутри того, что его захватывает.

На первой ступени человек уже видит этот мир, как слабое отражение Высшего мира. Оно дано нам в искаженных ощущениях специально для того, чтобы мы вышли из них, пробрались к истинным ощущениям и увидели всё, что сейчас находится между нами, как какую-то наводку. Наш мир – это не настоящая реальность, а наводка.

Тогда становится жалко людей, воспринимающих наш мир как реальность?

Почему жалко? Нет, не жалко этих людей. Они просто находятся в таком состоянии, что еще должны к этому прийти. У меня есть дети, есть внуки, и мне не жалко их. Наоборот, они – части огромного общего желания и тоже будут проходить эти состояния.

Кстати говоря, человек становится довольно индифферентным относительно родных. Он не стремится уделять им больше внимания, чем всем остальным. Это делает его как бы гражданином вселенной.

То есть он поровну распределяет себя?

Да, совершенно верно. Он понимает объективность всего происходящего.

Необходимо довести своих детей, внуков – всех, кто от тебя происходит, до состояния знания того, чем ты занимаешься. Если у них возникают какие-то побуждения к этому, то ты уделяешь им столько же внимания и времени, что и остальным.

Ты показал им путь и отпускаешь их?

И это происходит не поневоле, не через сжимание себя, а просто в силу обретенных тобой новых альтруистических свойств. Сказано, что должен отец обучить своего сына *оманут* (искусству), то есть довести его до ступени бины. Но только в том случае, если это – его желание. Нет насилия в духовном – никакого и ни в чем.

Сказано в Книге Зоар:

«Огонь постоянный зажжен будет на жертвеннике и не угаснет. Это Тора, которая называется огнем».

Поясните фразу: «Это Тора, которая называется огнем».

Здесь мы должны разобраться. Есть Тора и есть *мицва* – заповедь.

Торой называется общий свет, который действует на нас и ведет нас вперед. Это общая система. Допустим, есть физика и ее законы. Внутри них ты существуешь и исследуешь какое-то пространство с помощью этих законов. Ты обязательно должен принимать их во внимание.

Так и свет Торы. Он поддерживает тебя постоянно, если ты находишься на духовных ступенях, где бы ты ни был: внизу, наверху, в своем падении или подъеме.

А падения и подъемы – они постоянные. Ты должен погружаться в эгоизм и переводить его в альтруизм, снова погружаться в эгоизм и переводить в альтруизм. Так происходит до тех пор, пока на своей маленькой лодочке ты не перевезешь на другую сторону реки весь свой эгоизм, который по дороге во время перевозки ты исправил на альтруизм.

Желания остаются. Но эгоистические намерения ты оставляешь на одном берегу, а на другую сторону перевозишь желания с альтруистическим намерением.

ЭТО НАЗЫВАЕТСЯ – ТОРА?

Перевозишь только то, что может иметь альтруистические намерения?

Да. И перевозишь только то, что ты можешь изменить. А то, что не в состоянии исправить, остается на этом берегу, – там еще много чего есть.

Во время «перевозки» этих желаний то погружаешься в эгоизм, то поднимаешься из него в альтруизм – снова и снова делаешь движения вверх-вниз подобно поршню. В этих состояниях ты находишься в противоположных намерениях: в высшей и в самой низкой критических точках (это мертвые точки, как в поршне), то есть либо в полностью альтруистическом намерении, либо в полностью эгоистическом.

Как можно выйти из этого состояния? Для этого существует общая сила, которая называется Тора – свет. Этот свет и движет тебя вперед.

Например, в машине существует система зажигания. Есть генератор, есть маховик. Через него крутящий момент передается к коробке передач и осуществляется запуск двигателя. Без маховика все остановилось бы в какой-то точке. Тут еще цилиндры подобраны так, что каждый находится в определенном состоянии. Это, в общем, механика.

То же самое происходит с нами. Мы постоянно находимся под воздействием этого маховика, который нас тянет вперед.

Он называется – Тора?

Да, это свет Торы или Тора. Тора – сама по себе свет.

Когда я нахожусь в низшем состоянии – это называется прегрешение. Когда в высшем состоянии – заповедь, исправление. Я все время болтаюсь: прегрешение – исправление, прегрешение – исправление.

Сказано: «Нет праведника, который не сделал бы прегрешения». Только исправив прегрешение, можешь стать праведником, то есть исправленным.

Когда я нахожусь в верхней точке, исправившим прегрешения, – это состояние называется *мицва* (заповедь), – тогда у меня существует зажигание, возгорание.

Когда поршень достигает положения высшей точки и сжимает в большой компрессии горючую смесь, она вспыхивает. Так и у меня в верхней точке возникает дополнительный свет, дополнительная сила движения. Благодаря ей я двигаюсь вперед. Начинаю больше понимать, осознавать, видеть, больше включаться во все.

Эта дополнительная сила движения помогает мне, заставляет спуститься вниз, на следующий этап, в низшую мертвую точку, в еще больший эгоизм. Сейчас со своим серьезным запасом, с новой энергией я могу спуститься, захватить это эгоистическое желание. Могу опуститься в абсолютную тьму, пройти эту мертвую точку и снова подняться. Так это работает, как маховое колесо. Так устроено все движение.

На этом вся жизнь, оказывается, построена. Верхняя точка – это дополнительный свет, который он получит? Это и есть выполнение заповеди?

Отчего происходит запуск? Вначале ты запустил. После этого отпускаешь механизм, и двигатель уже работает оттого, что сгорает топливо. А не оттого, что он заводится каким-то электрическим мотором.

Верхнее состояние, дополнительный свет, который происходит из сжигания твоей эгоистической силы и перевода ее в альтруистическую, называется заповедью. И Тора, и заповедь существуют в верхней части, когда ты зажигаешь и идешь.

Это позволяет тебе идти вниз, в самую низкую эгоистическую часть. По мере этого движения снижается и снижается сила света заповеди. Когда достигаешь низкой части, ты можешь пройти ее только потому, что существует общий свет, окружающий, слабый. Он называется светом Торы. Он приходит к тебе от окружения, от группы...

«Заглохнуть» я могу?

Нет, если находишься в группе, свет Торы переходит. Происходит как бы перетекание из одной емкости в другую: один раз – в группе, второй раз – в тебе, опять – в группе, снова – в тебе.

«У МЕНЯ СВОИ ОТНОШЕНИЯ С ТВОРЦОМ»

Можно все объяснить таким образом?

Да, конечно. Но надо, чтобы люди догадались сами. Дело в том, что человек все-таки должен родить из себя эти состояния. Иначе это будет для него просто красивым примером. Через день-два, даже через пару минут забудет.

Он должен выстрадать эти состояния в себе. Он должен искать. Так мы даем что-то делать ребенку, и он потеет, старается, – таким образом, идет его развитие. Готовый пример ничего не дает.

Это точно. А один человек может сделать это?

Никак. Где же будет твой «запасник»? Куда ты будешь отдавать свой свет, когда спускаешься вниз? Он должен существовать в резервуаре, в каком-то конденсаторе, в накопителе. Это – только группа.

Как действует поршень? Он крутится на оси, на коленвале, у которого есть крутящий момент. Вот этот крутящий момент, который запасается энергией, и есть группа. И поэтому относительно группы ты можешь постоянно двигаться вверх-вниз – все время возвратно-поступательные движения.

ГЛАВА «ПРИКАЖИ»

Парнишка, который недолго был у нас, написал мне на блог: «Я не хочу быть в стаде. У меня свои отношения с Творцом».

Свои! Ну, это пройдет. Он или остановится, или вернется снова. Он не понимает общей картины творения.

Творца нет! К чему ты приблизишься? Ты его должен создать. Где ты его создашь? Только если ты находишься вместе в связи с другими людьми. То есть, практически, ты ищешь оправдания своему эгоизму, который тебя от всех отталкивает. Я его прекрасно понимаю. Но ничего не сделаешь.

Ты каббалу изучал? Из каббалы ты знаешь, что значит разбиение общего кли, общего сосуда на множество частей. Только собирая его, ты можешь в нем обнаружить свет, Творца. А как его собрать? Ведь ты – всего лишь одна маленькая частичка из всего этого сосуда. Собирай!

Как же сделать, чтобы пришло это понимание? Ведь ему сладостно находиться в этом состоянии: «я и Творец», «я и Бог».

Есть такой восточный рассказ о костоправе, который вправлял кости при переломах. В то время, полторы, тысячу лет назад, это была особая профессия – все ломали руки-ноги. Костоправ показывал, как надо учиться вправлять кости. Он взял глиняный горшок, плотно завязал его в мешок и разбил. И начал собирать, не вскрывая мешка снаружи. Пока не собрал все содержимое мешка.

Вот это искусство. Вот что нам надо делать. Когда не знаешь, с чем постоянно имеешь дело. А ты говоришь, дай пример и все будет хорошо.

Тот костоправ был профессионал, он до этого прошел путь обучения.

Да, но он этому научился. Именно сам, собирая на ощупь.

ПРИБОР, СОЗДАЮЩИЙ ЛЮБОВЬ

Мы продолжаем главу «Цав» – «Прикажи», «Приказал». В предыдущей главе говорилось о том, что такое жертвоприношения. А здесь речь идет о коэнах – о тех, через кого приносятся жертвоприношения.

Одна маленькая цитата из Книги Зоар, прямая, интересная и простая. Говорится так:

Пока не была возведена Скиния, присутствовали в мире вражда и зависть, и соперничество, и раздор, и разногласия…

Две противоположные силы.

Пока одна сила – отрицательная. Вражда и зависть, и соперничество, и раздор, и разногласия…

Нет, это не сила. Это состояния, которые существуют между двумя противоположными мнениями, действиями, целями.

Если два человека имеют разные мнения по какому-то вопросу и находятся на одной территории, то есть у них существует что-то общее, то между ними возникает противодействие – вражда, зависть и так далее. Даже не будем говорить о людях. Если две противоположные силы действуют на одну общую материю, пространство, где сталкиваются между собой, то между ними возникает такое состояние.

Ведь ты говоришь о состоянии: вражда, зависть, ревность, ненависть, соперничество, раздор, разногласия. Это может существовать только между двумя противоположными идеями, силами.

Противоположные – значит, они связаны где-то, в чем-то вместе, но совершенно не сходные. Борьба противоположностей.

Дальше интересно:
...однако со времени возведения Скинии дарованы миру любовь и расположение, и дружба, и справедливость, и согласие.

Над двумя противоположными силами, которые остаются противоположными, поднимается очень интересная третья – их сумма. Эта сила использует оба противоположных свойства и все состояния, которые были между ними, для объединения и для достижения в нем нового качества. Какого?

Любовь и расположение, и дружба, и справедливость, и согласие.

Любовь, расположение, дружба и согласие приходят только таким образом, если предшествовало этому выявление двух противоположных свойств и состояний между ними, таких как ненависть, зависть, соперничество. После этого происходит исправление их соединения.

Ты исправляешь не сами силы – они остаются. Эти силы проявляются от природы противоположными как плюс-минус, электрон-позитрон. С ними ты не можешь ничего сделать! Даже не имеешь права на это. А вот их совместное действие – да. Между ними ты строишь всевозможные объекты.

На чем основаны все виды оружия? На том, чтобы сблизить противоположные силы и взаимно их уничтожить, разорвать.

На чем основано всё созидание? На том, чтобы поставить между ними прибор и правильно использовать плюс и минус, чтобы они работали вместе и дополняли друг друга. Дополнять друг друга – это и есть любовь.

Как просто Вы объясняете. Теперь мне понятно, сколько я не добрал в школе. Я никогда не мог понять эти принципы. А оказывается, они не так и сложны. Между этими двумя противоположными силами что-то ставится, и они не сталкиваются…

А работают на общую нагрузку.

БОЖЕСТВЕННЫЙ ПАТЕНТ, НЕИЗВЕСТНЫЙ ЧЕЛОВЕКУ

Написано: «Однако со времени возведения Скинии дарованы миру…». Тут явно есть какие-то тайны.

Да, Скиния – это такой мировой патент, где соединяются две противоположные силы, и где они могут дополнять друг друга. Как мирный атом, скажем. Только намного жестче, потому что в нашем мире существует лишь ненависть, конкуренция, соперничество, раздор, разногласия.

Все больше и больше ненависть накапливается внутри человека и потом выплескивается в войну или что-то подобное. Потом временно как бы утихает, но на самом деле нет. Наступает некоторый период перехода на следующую ступень ненависти, конкуренции и прочего. И затем снова происходит то же самое.

ГЛАВА «ПРИКАЖИ»

Вы говорите, если между ними возводится Скиния?

Скиния – это, я бы сказал, божественный патент, неизвестный человеку. Неизвестный, потому что на протяжении всей истории люди лишь ненавидят друг друга, хотя и пытаются поставить между собой какие-то рамки: дипломатические правила, уголовные кодексы, этические нормы. Когда-то были правила, нормы поведения.

Сегодня никто ничего не стыдится, никого не стесняется, конкуренция считается правильным поведением. Раньше считалось неудобным говорить о деньгах. Было такое время, так нас воспитывали. Было неудобно сказать, что ты думаешь о деньгах, есть они у тебя или нет, все хотели затушевать это. А сегодня? Берут интервью у мальчишек или у девчонок на улице: «Чем ты будешь заниматься?». «Я выберу, наверное, эту специальность – она хорошо оплачивается».

Считалось когда-то, что человек должен выдвинуть свои культурные запросы, мировоззренческие ценности. Сейчас все упирается в то, сколько стоит каждый человек. И больше ничего.

Это говорит о том, что мы поднялись на следующую ступень. Мы прошли несколько серьезных этапов, поднялись на следующий уровень противодействия между противоположными силами. Сейчас мы должны прийти к очень серьезному, особенному состоянию. Ненависть, зависть, ревность, соперничество, раздоры достигнут состояния, когда мы не только не будем их любить, но не сможем существовать внутри них. В этом будет проблема.

Сегодня все согласны с тем, что между нами существует противостояние. Ну и что? Я такой и так отношусь к остальным. И все ко всем так относятся. И очень хорошо, что правда выходит наружу.

Противодействие человека всем и каждому никого особенно не волнует. Так мы живем – такова наша природа.

У людей есть ощущение, что так всё и будет существовать, и ничего тут не сделать?

Да, ты же видишь – кризисы и все, что делается в мире. Отчего? Мы не можем договориться между собой. Сколько пищи выбрасываем, хотя половина человечества голодает. Ну, и пусть голодают. Человек совершенно спокойно показывает, что он всем пренебрегает, его это не интересует.

У него нет никакого сопереживания с голодными людьми?

Какое сопереживание? Соперничество и ненависть.

Поэтому мы должны дойти до состояния, когда всем нам будет плохо. И тогда конкуренцию, соперничество, ненависть – весь этот антагонизм мы определим, как состояние невыносимое.

Две противоположные силы настолько приблизятся друг к другу, что между ними возникнут такие искры, такая вольтова дуга, внутри которых мы просто сваримся – ничего не сможем сделать. Это состояние – конец нашего существования.

Это должно жечь человека?

Не жечь. Это должно стоять напрямую перед нами как угроза существованию. Моему существованию – не жены, не детей и внуков, или кого-то другого – только моему.

Когда дойдет до самого внутреннего «я», когда каждый это почувствует, исходя из самого пронзительного внутреннего ощущения, тогда люди действительно осознают необходимость противоположного эгоизму состояния. Здесь должен быть выход.

Природа ничего не оставляет просто так. На точке бифуркации существует возможность выйти из этого состояния. Своим огромным желанием, стремлением – пусть эгоистическим, неважно, – люди начнут искать, требовать изнутри себя: как достичь противоположного состояния. Как только на самом деле они захотят его, так сразу и найдут.

Существует методика, как создать между нами такое сопротивление, на котором мы сможем работать вместе в нашей взаимной ненависти, неприязни. И эта работа вдруг будет обращаться в любовь, взаимное дополнение, справедливость, согласие, равенство.

Но какие страдания мы должны перенести до этого понимания? Можно ли каким-то образом их сократить, заранее предвидя таящуюся впереди ужасную проблему?

В этом заключается вся наша работа. Знание, голова нам даны не просто для того, чтобы наугад двигаться в темноте, а чтобы продвигаться светом, то есть, смотря вперед.

Я не настроен оптимистически по этому поводу, сразу Вам скажу...

Ты совершенно прав, исходя из наших земных изначальных условий. Кроме метода случайного поиска, основанного на собственном горьком опыте, другого пути двигаться вперед мы не хотим.

МЫ – МУТАНТЫ?

Я воспринимаю это очень просто. Допустим, сейчас все признаки, указывают на приближение тайфуна. Животные убегают за несколько дней до тайфуна, а человечество не реагирует никак. Люди продолжают смотреть, как приближается волна, как она начинает захлестывать, даже снимают на камеры.

То же самое происходит сейчас: масса признаков, что приближается катастрофа – не через три дня, может быть, через несколько лет. Но человечество по-прежнему успокаивает себя, снимает на камеру этот тайфун. Большого оптимизма у меня нет. Конечно, я понимаю, что основная Ваша задача – привести всех на дорогу без страданий. Но что-то дано человеку, какая-то штука, которая не дает ему этого понять.

Как донести до человека, чтобы он испугался? До того, как его ударило?

Пугать не надо.

Здесь, действительно, заложен какой-то потрясающий патент – эта Скиния, которая вдруг встала между двумя волнами…

Она дается свыше. На пике страданий, самых сильных страданий, люди в итоге принимают решение соединиться между собой, отменить свои жуткие взаимоотношения.

Люди согласны переделать, изменить себя. Они понимают, что сами не в состоянии это сделать, что здесь должна действовать та креативная сила, которая создала их. Теперь только она в состоянии их изменить, то есть заново родить, переродить.

Мы получились мутационные, неправильные, уродливые, и теперь должны пройти серьезную коррекцию. Мы согласны на это: делай с нами, что хочешь. Мы заранее все одобряем, мы хотим убрать свои отторжения.

Исходя из нашего состояния, мы не можем не сопротивляться, но хотим быть не просто нейтральными, а даже помогать, хотя и не можем этого сделать. Поэтому сначала мы просили бы так: сделай нас согласными не только в намерении, но и в действии. Мы хотим сами участвовать в этом созидании, полностью переделывая себя, чтобы действительно стать обратными себе.

Молитва – так это называется.

Да. Когда у человечества возникнет такое состояние, тогда люди почувствуют, что есть такая возможность. Иначе в них это не проявилось бы. Но все дело в том, чтобы попытаться объяснить до того, как путем огромных страданий они придут к выявлению, что изменения, исправления необходимы.

То, что пишут пророки о будущем человечества, если оно будет таким образом продолжать идти вперед, – это, конечно, ужасно!

РАСКРУТКА ЭГОИЗМА

Пророк видит все ступени, ощущает их?

Он видит все ступени не будущего – истинно будущего, а того, которое будет развиваться природным путем, без соучастия человека. Люди могут подсластить, сократить этот путь, сделать так, что он будет выглядеть совершенно по-другому.

Пророк – это тот, кто говорит: «Есть такой-то закон». Закон – это всегда соответствие между двумя противоположными силами на определенной ступени. Ничего другого в природе нет: плюс – минус и между ними какое-то соответствие.

На каждой ступени соответствие свое: химическое, физическое, биологическое, психологическое – не важно, какое, но всегда участвуют две противоположные силы и между ними действует формула. Законы Ньютона, Эйнштейна – всё говорит только о взаимодействии противоположностей.

Мы можем показать людям, что движемся к противоположности, которую надо нейтрализовать заранее. Я уже не говорю об исправлении.

Наш путь, наше исправление, коррекция состоит из двух этапов. Первое – убрать взаимную ненависть, то есть ввести такую изоляцию между двумя противоположными силами, которая не давала бы им возможности замыкаться друг на друга. Второе – правильно использовать эти противоположные силы, чтобы они сами крутили мотор, который, наоборот, дает положительную энергию.

Первая часть убирает отрицательную энергию неправильного взаимодействия между собой. Это называется: «не делай другому того, что не хочешь, чтобы сделали тебе». Мы становимся нейтральными, как бы помещаем диэлектрик между этими противоположными силами.

Следующий этап – на разных уровнях мы используем две противоположные силы – любовь и ненависть, например. Вместо диэлектрика мы помещаем между ними какой-то механизм, когда эти две силы – божественные силы, силы природы – соединяются через полезную нагрузку.

Этот механизм – наше объединение. Мы объединяемся между собой так, что превращаемся в эту полезную нагрузку. Две силы светят внутри нас, мы являемся как бы электрической лампочкой. И весь свет входит в нас, светит в нас. Это и есть состояние будущего мира, Высшего мира.

Раньше я уже слышал эти вещи. Но сегодня происходят сплошные открытия. Вы вдруг так объясняете…
Объяснение настолько простое. Идут, летят навстречу друг другу, вот-вот столкнутся противоположные силы, и прямо сейчас произойдет взрыв, убийство, войны. В этот момент начинается торможение за счет закона «не делай другому того, чего ты не хочешь для себя». И в момент, когда уже замедлена скорость, мы начинаем их соединять за счет «возлюби ближнего, как самого себя». И раз! Вместо столкновений и войны вдруг происходит любовь, расположение, дружба, справедливость и согласие.

Да, состояние, которое находится между двумя противоположными силами, называется Скиния.

Скиния – это чаяние всего человечества о правильном объединении между собой.

Когда «дарована миру любовь, расположение, дружба, справедливость и согласие»?
Да.

Какими великими были праотцы, которые все это раскрыли!
В чем они великие? Они раскрыли все то, что находится в природе.

Их величие в том, что в бесконечной заботе обо всем человечестве они передали нам эти знания, чтобы мы могли использовать их и не набивать себе ужасные шишки.

Сегодня перед человечеством стоит безысходность, мертвый сезон. А завтра начнется пурга, буря.

Вы все время говорите как бы одно и то же, что этот тупик, раскрутка эгоизма – состояние хорошее для человечества?

До определенного предела. Тупик необходим, чтобы мы начали осознавать полезность анализа зла, чтобы каждое наше движение было движением вперед.

Движение вперед – это осознание зла и реализация добра. Эти два этапа мы и должны пройти.

В данный момент мы находимся в состоянии до осознания зла. Главное, чтобы человечество начало осознавать. На данном историческом этапе в этом и заключается наша работа. Для того мы сейчас здесь существуем. Затем придут другие, подхватят.

Все-таки Вы считаете – «придут затем»? Или хотите, чтобы это при Вашей жизни произошло?

Человек должен всегда мечтать, но в то же время реально понимать свои возможности, чтобы не требовать от других невозможного. Ведь реализация этого плана зависит, в принципе, от людей.

Здесь должно быть, как в отношениях с ребенком: надо понимать, что существует определенная последовательность действий. Человек аккумулирует определения, ощущения, постепенно приходит к выводам и изменяет результат.

Понятно. Первыми должны прийти те, кто готов к этому сейчас. Потом к ним подтянутся близкие, к тем – их близкие, и так потихоньку все.

Вы считаете, что интегральное воспитание как раз выполняет эту задачу?

Мы заложили основу, дополнили каббалистов объяснениями, понятными или более-менее приближенными к восприятию обычных людей. Мы перекинули мостик, дали возможность любому человеку получить информацию, если загорится в нем правильное желание.

В этих книгах есть окружающий свет или они – только мостик к окружающему свету?

Книги сами по себе несут окружающий свет и ведут, конечно, к источникам. Особенно воздействуют передачи, в которых я непосредственно даю уроки.

БАРАШЕК – ЭТО Я?

Глава «Цав» начинается словами:
/1/ И ГОВОРИЛ БОГ, ОБРАЩАЯСЬ К МОШЕ, ТАК: /2/ «ПЕРЕДАЙ ААРОНУ И ЕГО СЫНОВЬЯМ СЛЕДУЮЩЕЕ ПОВЕЛЕНИЕ – ВОТ ЗАКОН О ЖЕРТВЕ ВСЕСОЖЖЕНИЯ: ЖЕРТВА ВСЕСОЖЖЕНИЯ ДОЛЖНА НАХОДИТЬСЯ НА ОГНЕ ЖЕРТВЕННИКА ВСЮ НОЧЬ, ДО УТРА; ОГОНЬ НА ЖЕРТВЕННИКЕ ДОЛЖЕН ГОРЕТЬ ПОСТОЯННО».

Если взять не чистый каббалистический вариант: на каких уровнях, в каких мирах, какие желания, каким образом изменяются, а описать в публицистическом стиле, то выходит очень просто.

Жертвенник – это место, где человек исправляет свои желания. Жертва – *курбан*, от слова *каров* – приближение (к Творцу).

Изначально во всех нас существует эгоизм. Эгоизм – это проявление в человеке ненависти к другим в момент, когда он желает соединиться с ними. Речь не идет о простом бытовом эгоизме, который существует в каждом из нас, – это не считается тем эгоизмом, злым началом, которое существует в человеке.

Взаимное отторжение, которое называется эгоизмом, злым началом, проявляется между нами только тогда, когда мы начинаем устремляться друг к другу, сближаться, чтобы уподобиться Творцу. Это имеет в виду Тора.

Вся работа должна производиться именно над проявлением взаимного отторжения, возникающего при взаимном устремлении к объединению, к равенству, к соединению.

Жертвенником называются те чувства и желания человека, которые он уже может перебросить с ненависти на связь и любовь. Поэтому действие, когда человек изменяет свои чувства и желания с ненависти на любовь, происходит ночью.

Тьма! Человек не видит ничего, никакой выгоды. Если он видит выгоду в связи между собой и другими, то его действия не являются альтруистическими, не направлены на сближение с другими, чтобы уподобиться Творцу.

В течение всей ночи, то есть пока не наступает утро, происходит работа. Что значит – наступает утро? До тех пор, пока ты не исправил свои желания, ты ощущаешь в них ночь. Когда они исправляются, постепенно начинаешь ощущать в них свет, восхождение нового дня.

Огонь сжигает все неправильные эгоистические намерения и должен гореть всю ночь, пока не наступает утро. Из своих эгоистических желаний ты делаешь альтруистические и по закону подобия начинаешь ощущать высший свет, который называется утром.

«ОГОНЬ НА ЖЕРТВЕННИКЕ ДОЛЖЕН ГОРЕТЬ ПОСТОЯННО»

То есть работа не прекращается. Никогда! Самое нормальное, самое правильное состояние, когда ты постоянно ощущаешь ночь и день одновременно. «Вот тебе ночь и вот тебе день (*аф леха йом, аф леха лайла*)».

Это возможно – одновременно ощущать день и ночь?

Да. Ты доходишь до состояния, когда получаешь только день. Говорится, что в будущем ночи не будет. Сожжены все эгоистические намерения человека, остались только желания с альтруистическими намерениями. Такие желания, которые могут использовать даже коаним, то есть самые лучшие действия на благо других.

Всё переброшено из ненависти в любовь? И наступает день?

Да. Но желания остаются, только намерения ради себя меняются – на ради других.

Написано: «жертва всесожжения».

Полностью исправлено! Это очень сложные вещи. Если хочешь это учить, надо идти в Талмуд, открывать толстенные книги и начинать изучать, каким образом приносятся жертвы, в каких условиях, с помощью простых людей или с помощью левитов или коэнов, в какое время дня или ночи, какие части тела животных.

Человеческие тела нельзя приносить в жертву, потому что человек – это уже душа. Человеком называется исправленное животное желание.

Объясняется, как надо исправлять животные желания: как их приносить, как забивать, как разделывать желания, то есть тушу. Чем отличаются передняя и задняя часть животного тела – Гальгальта Эйнаим и АХАП? Зачем посыпать солью, вымачивать? Соблюдать все законы кошерности?

Это очень интересные описания, которые сделаны повествовательно, на таком языке, что мы думаем, что действительно говорится о каком-то барашке. На самом деле описывается только исправление человека.

Этот барашек – я?

Да, барашек, корова или еще какое-то животное. Есть в тебе и такие животные или рыбы, относящиеся к животному уровню существования, которых ты не имеешь права, не можешь принести в жертву. Это эгоистические свойства, на исправление которых у тебя нет сил.

Есть некошерные животные: не отрыгивающие пищу, не имеющие раздвоенных копыт, рыба без чешуи, без плавников. Это типы животных и рыб, которые олицетворяют в тебе самые сильные эгоистические желания, которые исправить пока еще невозможно.

Но самое коварное во мне – свинья, да?

Самое коварное – это змей. Что свинушка? Что в ней есть особенного? Не злобная, не вредная, не коварная. Коварство – это змей.

ПОЧЕТНАЯ РАБОТА ТРУБОЧИСТА

Двинемся дальше:
/3/ И НАДЕНЕТ КОЕН РУБАХУ ИЗ ЛЬНА, И ЛЬНЯНЫЕ ШТАНЫ НАДЕНЕТ НА ТЕЛО СВОЕ, И СНИМЕТ С ЖЕРТВЕННИКА ЗОЛУ, ОСТАВШУЮСЯ ОТ СГОРЕВШЕЙ ЖЕРТВЫ ВСЕСОЖЖЕНИЯ, И ПОЛОЖИТ ВОЗЛЕ ЖЕРТВЕННИКА. /4/ И СНИМЕТ ОН ЭТИ ОДЕЖДЫ, И ОБЛАЧИТСЯ В ОДЕЖДЫ ДРУГИЕ, И ВЫНЕСЕТ ЗОЛУ В ЧИСТОЕ МЕСТО ВНЕ СТАНА.

Золе придается какая-то важное значение.

Зола – это действительно сожженная часть нашего желания, которое мы не в состоянии исправить никак (четвертая часть – *бхина далет*). Поэтому она выносится, она вне стана, ею пользоваться никак нельзя.

Стан, который находится внутри каждого из нас, – это четыре уровня человека, четыре уровня нашего эгоизма. Сюда включаются старики, женщины, дети, мужчины, левиты, коэны.

Никто из них не имеет права употреблять самый тяжелый эгоизм, который исправить невозможно. Причем, в сожженном виде он уже исправлен, то есть остается в природе, но выносится за рамки использования.

Выносится то, что осталось от сожжения?

Да. И поэтому удаляется. Подобно тому, как при обрезании закапывается крайняя плоть в песок, и затем он выбрасывается.

Это всё – олицетворение самых больших эгоистических уровней, которые сегодня мы не можем использовать, у нас нет на это экрана, противодействующих сил.

Чтобы их выбросить, он должен переодеваться, то есть должен готовиться.

Я заглянул в «Большой комментарий», было интересно: зола – вокруг нее столько накручено. Вот что написано: **Каждое утро коэны тянули жребий, кому из них выполнять ежедневный ритуал взятия с жертвенника горсти пепла. Эта была первая утренняя заповедь. Ее совершали сразу после того, как глашатай Храма объявлял: «Вставайте для служения, коэны, левиты и люди общины!».**
Коэн, вытянувший жребий, окунался в микву, облекался в особые одежды, а затем поливал руки и ноги водой из сосуда для омовений. Держа в руках плоскую серебряную чашу, он поднимался на жертвенник, брал с него горсть пепла и клал в чашу. Затем ему надо было отнести чашу к восточной стороне пандуса и там сбросить пепел на землю в специально отведенное для этого место.
Как только эта заповедь была выполнена, все коэны, служившие в тот день, омыв свои руки и ноги водой из сосуда, спешили к жертвеннику, чтобы очистить его от оставшегося пепла. Они складывали пепел в центре жертвенника, и эта куча пепла служила его украшением, так как свидетельствовала об обилии жертвоприношений. Целое служение идет. То, что нельзя исправить, выносится за стан. В то же время написано, что эта куча пепла в центре жертвенника служила его украшением.

Видишь, какая почетная работа у трубочиста?

Да, вот именно. Идем дальше:
/5/ А ОГОНЬ ЖЕРТВЕННИКА ДОЛЖЕН ПОСТОЯННО ГОРЕТЬ И НЕ ГАСНУТЬ, И КОЭНУ СЛЕДУЕТ КАЖДОЕ

ГЛАВА «ПРИКАЖИ»

УТРО ПОДКЛАДЫВАТЬ В НЕГО ДРОВА И ВОЗЛАГАТЬ НА НЕГО ЖЕРТВУ ВСЕСОЖЖЕНИЯ... *каждое утро.*

ЛЕВ ИЛИ СОБАКА

Говорится в «Большом комментарии»:
В действительности не было нужды в дровах для поддержания огня, ибо на жертвеннике все время пребывал Небесный огонь.
Небесный огонь, пребывавший на внешнем жертвеннике, отличался пятью особенностями:
1) В Первом Храме его очертания напоминали льва, во Втором Храме — собаку.
2) Яркостью своей Небесный огонь был подобен солнцу.
3) Его пламя было прочным в отличие от пламени обычного костра. Поэтому вода не могла его потушить. Хотя медный жертвенник был расположен во дворе под открытым небом, дождь никогда не заливал его.
4) В нем сгорали не только сухие вещества, но и жидкости.
5) Он не давал дыма.

Непонятный огонь, который горит сам по себе, и на него ничего не действует: ни ветер, ни дождь. Нет необходимости в топливе для него.

Что означает, что очертания его напоминали льва в Первом Храме?

Или очертание собаки – во Втором. Зависит от того, что горит. Если полностью очищаются все наши десять сфирот, то это очертания льва – как было в Первом Храме.

А во Втором Храме – собаки: это только лишь маленькие Гальгальта Эйнаим.

Только маленькие, только три верхние сфиры? Потому что уже было нельзя использовать нижние?

Дело в том, что если не используешь АХАП, то этот АХАП стоит снаружи и называется *кальбен дэ-хацифен*, то есть злые собаки, которые лают и не дают тебе правильно работать. Но одновременно с этим они возбуждают тебя к тому, чтобы ты начинал что-то делать.

Нет ничего отрицательного без положительного. Во Втором Храме уже нельзя использовать для очищения все желания, а можно брать только самую легкую их часть. Это должно было возбудить людей на то, чтобы они стремились к уровню Первого Храма.

Но поскольку существует общая тенденция, общий план развития, и все равно эти два храма должны были пройти разрушение, то, конечно, ничего у них не вышло и не должно было получиться. В итоге сегодня мы стоим у начала Третьего Храма.

Что это – Третий Храм?

Все человечество должно будет вознести на жертвенник весь свой эгоизм. И когда он начнет гореть, мы объединимся все вместе вокруг Скинии Завета. Найдем ее, отыщем для человечества. Третий Храм – это соединение всего человечества.

Есть в Третьем Храме коэны и левиты?

Да, обязательно. Всё, что происходило, будет происходить. Это такое соединение человечества, в котором существуют круги: самый центральный круг – коэны, затем внешний – левиты, народ Израиля и уже дальше – семьдесят народов мира.

Это все строится не по происхождению, потому что мы прошли полное разбиение и смешение, а по устремлению к центру. Тот, у кого есть самое сильное устремление к объединению, называется коэном, а у кого меньше, следующий уровень, – это левит.

И все с этим согласятся? Не будет такого: «Вот они там коэны, эти – леви…»

Нет, совсем под другим ключом всё делается. С общего согласия строится Третий Храм.

ДЫМ СТОЛБОМ

Написано: «Яркостью своей Небесный огонь был подобен солнцу».

Два светила, ночное и дневное, Солнце и Луна. Рассказано, как они становятся одинаковыми. Луна светит, потому что получает свет от Солнца, но Земля ее заслоняет. Когда Земля полностью заслонит Луну, с одной стороны, а, с другой стороны, исправившись, она не будет представлять собой никакого экрана, затемняющего Луну, тогда Луна будет светить, как и Солнце.

Мы должны дойти до состояния – два огромных светила. Малхут, наш бывший эгоизм, исправившись на действие отдачи и любви к другим, будет светить как Творец. И эти два светила будут светить один на другого – не каждый себе, а каждый другому.

Вот дальше:

Его пламя было прочным, в отличие от пламени обычного костра, поэтому вода не могла его потушить, хотя медный жертвенник был расположен во дворе под открытым небом, дождь никогда не заливал его.

Дело в том, что самое сильное действие по исправлению – это сжигание нашего эгоистического начала на огне. Самое сильное, самое действенное.

Есть различные исправления. Четыре вида казней, затем свежевание туши, соление, правильное, после кашерования, употребление внутрь себя. Затем идут три года орла – запрет есть плоды деревьев в течение первых трех лет, семь лет пашни и так далее. Существует очень много различных уровней эгоизма, и каждый из них требует своего вида исправления.

Самый тяжелый эгоизм, которому требуется самое сильное исправление, – это тот, который мы исправляем на огне.

Здесь говорится: «Вода не могла потушить этот огонь».

Да, если ты работаешь на самосожжении, на таком уровне жертвуя своим эгоизмом ради будущего исправленного состояния, то никакие помехи тебе не мешают.

Показывается, насколько эта ступень выше всех других. Вода сама по себе представляет очищение, но ее очищение намного меньше, чем сожжение.

Вода очищает только до хафец хэсэд (Гальгальта Эйнаим) – уровня отдачи. Сожжение и получение исправляет на получение ради других.

Дальше написано: «В нем сгорали не только сухие вещества, но и жидкости».

Не только жидкости, но даже вещества, по своему состоянию противоположные горению. Допустим, кислоты (это – не масла, они не могут гореть по своей природе): если надо, то горят, если не надо, не горят, но не мешают и не гасят. Здесь главное, что не гасят. Описываются и другие случаи, когда хомец, то есть кислота, горит.

Дальше не очень понятная для меня фраза: «он не давал дыма». Мы говорили, что дым – это возвращающий свет, отраженный свет. Что значит – «он не давал дыма»?

Вознесение дыма – это вознесение чаяний человека к Творцу.

Написано в скобках:

(Дым от огня, зажигавшегося коэнами, поднимался к нему вертикальным столбом, и никакой ветер не мог поколебать его).

Ошан (дым) – это *«олам, шана, нефеш»*. Ошан – человек соединяет в себе абсолютно все действия и производит полное исправление над самым грубым, самым низким желанием, которое включает в себя все остальные, находящиеся над ним. Тогда поднимается от этих действий дым (*ошан*). В этом он соединяет в себе *олам* (мир), *шана* (год) и *нефеш* (душа человека).

Такое действие является самым полным, самым цельным. Даже существуют народные гадания: гадают по тому, какой поднимается дым. Так и здесь описано: дым поднимался прямо к небу тонкой стрункой, на него не действовал ни ветер, ни дождь.

Что этим проверяется? Я выдаю на исправление все свои самые внутренние, самые потаённые, самые эгоистические, коварные желания, которые я, может быть, подсознательно скрываю и не исправляю. И я проверяю себя по результату от их сжигания – по дыму.

Если дым поднимается прямо, то исправление сделано от всего сердца. Если – нет, или на него действуют какие-то внешние воздействия, то значит, ты еще не откровенен в выяснении своих эгоистических внутренних задумок.

Если дым поднимается вертикально, значит, мои намерения были на отдачу? И я сжег всё честно? А если у меня еще осталась червоточинка, то дым начнет подвергаться внешним воздействиям?

Да, на него начнут воздействовать именно в той мере, в которой не полностью произошло исправление.

Это все внешние описания. Мы представляем себе костер, дым, смрад, потому что горят куски мяса. Все сгорает, остается пепел, соскребаешь с мяса этот уголь… В нас создаются картины, не очень приятные и аппетитные. Все эти внешние описания все равно остаются очень животными, материальными.

Надо быть действительно внутри этого повествования, чтобы сразу же правильно переводить с земного языка на внутренние, чувственные переживания. Только тогда можно включиться и начать сопереживать тому, что происходит, ощущая себя одновременно и объектом, который осуществляет эти действия, и субъектом, над которым они производятся.

Ты начинаешь понимать, что вся Тора – в тебе и ты ее выполняешь, чтобы соединиться с ее действием, с тем, что в ней написано, чтобы с ее помощью ты смог себя переформатировать.

То есть это инструкция по переводу моего эгоизма в состояние отдачи и любви?

Ты буквально делаешь переформатирование.

Над кем производится действие?

Я сам над собой провожу эти действия с помощью внутренней силы, которая в них содержится. Эта сила и называется Тора. В процессе работы я сам становлюсь ей подобным. Она вмещается в меня, она по-другому начинает меня соединять, коммутировать во мне все желания, все намерения, – и в итоге я сам становлюсь, как Тора.

Дело в том, что все эти пять книг (Пятикнижие) соответствуют пяти свойствам, которые человек должен, исправляя, раскрыть в себе.

РАССКАЗ, В КОТОРОМ ВСЕ ПОВТОРЯЕТСЯ

Мы прочли совсем немного из главы «Прикажи», но есть ощущение неких повторений, которые проявляются с какой-то другой высоты. В предыдущей главе рассказывалось о самих жертвоприношениях. В главе говорится о тех, кто выполняет жертвоприношения – о коэнах. Такая точность – что она означает?

Пять книг Торы соответствуют пяти свойствам, исправляя которые человек раскрыть их в себе. В этих постепенно, последовательно раскрывающихся пяти свойствах он обнаруживает мир, в котором существует на самом деле.

Вместо нашего призрачного мира человек начинает видеть другой мир. В нем он живет, чувствует, ощущает себя по-настоящему существующим, вечным, совершенным и все время расширяющимся, постигающим его вглубь и во всех координатах. Это происходит по мере развития в нем ощущений пяти органов чувств – духовных органов чувств.

Каждый из миров характеризует собой развитие определенного основного органа чувств и одновременно всех остальных. Допустим, развиваются тактильные ощущения, но они включают в себя и все остальные. Затем идут вкусовые ощущения – они тоже включают в себя все остальные. Запах – и все остальные. Слух – и все остальные. Зрение – и все остальные.

Каждая даже самая маленькая ступенька из этих ступеней так же состоит обязательно из пяти, потому что не может быть иного ощущения, кроме как собранного из пяти.

Тора состоит из пяти частей. Каждая из них направлена на определенную ступень, на развитие определенного основного чувства, но включает в себя и все остальные. Поэтому происходит как бы повторение.

Ведь мы можем говорить, допустим, о развитии вкуса в зрении и зрения во вкусе. Дополняют они друг друга? Насколько добавляется ощущение в моем вкусе, когда еда является и внешне притягательной для меня.

И, наоборот, в моем зрении я вижу еду неисправной, хотя по вкусу она ощущается приятной. Допустим, дали тебе какую-то баланду. На вкус она прекрасна, но от ее вида тебя просто воротит.

Так и в Торе есть разница в рассказах. Когда человек еще не понимает, о чем речь, то ему кажется, что все повторяется: с этим повторилось, и это подобно. Шли по пустыне, что-то там происходило. И все время одно и то же: то в этом не послушались своего Моше, то в том.

В рассказе, в общем-то, ничего и нет. Это не «Остров сокровищ» и не «Дети капитана Гранта».

Там все время идет развитие.

Да, а тут все повторяется. Один и тот же пейзаж, практически одни и те же персонажи, разве что в них возникают, может быть, только чуть-чуть разные проблемы.

Главное действующее лицо в Торе – это Творец, чего нет ни в одной книге мира. Никакой фантаст не вставил между своими персонажами еще и явление Творца. Поэтому Тора притягивает, захватывает, она действительно – Вечная Книга, потому что в ней находится сила Творца.

Писатель-фантаст, сколько бы ни пытался, у него так не получится, к его книге бы не тянулись. Здесь же вроде бы нет ничего особенного, но что-то притягивает.

Главы, которые полны действия: выход из Египта, борьба, десять казней, – очень сильные. Но самое интересное для меня, что главы, в которых рассказывается о жертвоприношениях, о том, например, как разделить хлеб, вдруг оказались полны не только смысла, но и энергии. Главы вдруг ожили! Вы знаете, сначала у меня было ощущение: «Ну, почитаем…». И вдруг – взрыв эмоций!

Да, это парадокс Торы.

Можно сказать, что пять книг Торы – это тоже пять уровней эгоизма?

Ну, конечно. Но уровни, которые одновременно дают и качественное, и количественное исправление. В основном – качественное.

Все повторяется, но повторяется на другом уровне?
На качественно другом уровне.

ХЛЕБНЫЙ ДАР

Мы уже говорили о жертвоприношении хлебного дара. В следующей главе тоже говорится о хлебном даре. Но немножко по-другому:

/7/ А ВОТ ЗАКОН О ХЛЕБНОМ ДАРЕ: ОДИН ИЗ СЫНОВЕЙ ААРОНА ДОЛЖЕН ПОДНЕСТИ ЕГО К ПЕРЕДНЕЙ СТОРОНЕ ЖЕРТВЕННИКА, СТОЯЩЕГО ПЕРЕД ШАТРОМ ОТКРОВЕНИЯ, ГДЕ ЯВЛЯЕТСЯ БОГ, /8/ И ВЗЯТЬ ИЗ ХЛЕБНОГО ДАРА ГОРСТЬ МУКИ, СМЕШАННОЙ С ОЛИВКОВЫМ МАСЛОМ, И ВСЮ АРОМАТНУЮ СМОЛУ С ХЛЕБНОГО ДАРА, И ВОСКУРИТЬ НА ЖЕРТВЕННИКЕ; ЭТО – ВОСКУРЕНИЕ, ПРИНИМАЕМОЕ БЛАГОСКЛОННО, НАПОМИНАНИЕ БОГУ О ПРИНЕСШЕМ ДАР.

Там мы говорили «надо принести», а здесь – чтобы один из сыновей Аарона, то есть коэн, взял. То есть через него проходит этот дар?

Все, в общем-то, расшифровывается просто. Коэн – это не человек, это свойство отдачи в человеке, которое берет хлебный дар.

Мы уже говорили, что зерна являются пищей для скотины. Чтобы превратить в пищу для человека, их обрабатывают определенным образом: делают муку, тесто, потом выпекают хлеб. И он приносится в жертву.

Что значит – жертва? Жертвой называется сближение. Слово *курбан* (жертва) происходит от *каров* (сближение).

ГЛАВА «ПРИКАЖИ»

Итак, коэн – это свойство отдачи в человеке, и хлеб – тоже свойство отдачи. Переработанная мука и воскурение – это всё свойства отдачи. То есть человек должен брать свои самые избранные свойства и приводить их к полной отдаче на благо других.

Здесь как бы соединяются все желания, которые направлены к отдаче? Взял горсть муки, смешал с оливковым маслом – это как свет хохма, так мы говорили? Ароматную смолу воскурил на жертвеннике – это означает соединение всех свойств отдачи в человеке?

Да. Более точно расшифровывать это нельзя. Либо объяснить каббалистическим языком: какие силы действуют, каким образом и так далее.

Допустим, ты идешь к врачу и рассказываешь, как себя чувствуешь. Он начинает проверять и излагать это все в медицинских терминах, говорит про какие-то кислоты, электролиты, что в твоем теле не так. Тебе это что-то даст? Его объяснение предназначено только для людей, которые могут сопоставить свои сопереживания с электролитами, с ощущениями человека, с пониманием всей системы организма.

Так и здесь, не стоит более подробно говорить об этом. Если хочешь, возьми Книгу Зоар – это комментарий на пять частей Торы. И увидишь, что говорится в главе «Цав»: подъемы, спуски, силы, сфирот, какие экраны действуют между собой – короче, сколько электронов и куда бежит. В итоге-то всё сводится к этому.

Похоже на то, как врачи пользуются латинским языком. Принцип тот же самый?

Да, так и в каббале – другой язык. Но в итоге все сводится к элементарнейшим действиям. Даже не к электронам, а, точнее сказать, к силам: сегодня мы уже наблюдаем, что нет материи. Есть силы, которые стоят за ней, а сами электроны, протоны – уже ничто, они – волны. То есть все куда-то исчезает, убегает в неощущаемую даль.

Сочетание двух сил: получения и отдачи – и есть основа всего. Кстати, наука как-то нащупывает это, а убедиться на опыте не может. Хотя и дойдет до какой-то грани! Это будет.

Цель ученых – просто открыть, нет дальше цели.

Ученые не могут идти дальше. Они обнаружат, что нет времени – правильно, нет пространства – правильно, нет перемещения – правильно, нет жизни и смерти, нет вообще никакой материи, нет даже элементарных частиц. Нет ничего и даже самого пространства – всё дано нам лишь в ощущениях.

Что же есть? А дальше мы не ощущаем. Можем ли мы обрести органы ощущения этого нового пространства?

Сегодня наука находится в таком состоянии, что ученые уже делают выводы: нет смерти, нет жизни. На самом деле – это наши внутренние ощущения. Тогда кто такие мы? Выходит, это не мое тело, оно мне только кажется таким? И приходят к состоянию, когда ни о чем не можешь сказать, что оно существует. И самого понятия «существует» тоже нет. Существует относительно кого?

Очень интересно. Есть такие статьи, вышедшие в последние годы. Действительно хорошо пишут люди и доходят до этого вывода своим чисто внутренним созерцанием.

ЗАЧЕМ УЧЕНЫМ ТВОРЕЦ?

Я хочу понять. Допустим, у нас есть цель. Цель, которая многим кажется призрачной, но все-таки она есть. В науке цель – просто открытие чего-то. Дальше что?

У нас с ними, в общем, одинаковая цель – мы хотим раскрыть суть жизни!

Суть жизни! Какая мне разница, как это называется – Творец, природа или как-то иначе. Я хочу раскрыть истину. И тут упираюсь в то, что раскрыть истину не могу, потому что все время она представляется мне относительно меня. Если я изменяюсь, то и она меняется. Значит, это уже не истина, это уже не абсолют.

Если говорить об абсолюте, то постичь его я не могу, потому что не готов к этому, не в состоянии ощутить, не в состоянии осознать. Мне надо каким-то образом себя менять.

Как мне поменять себя под то пространство, в котором я раскрою истину? Как мне себя изменить, чтоб ощутить эту истину?

Это и называется настоящая теория относительности. Не теория относительности Эйнштейна, а следующая за ней. Мы находимся на грани, когда должны перейти барьер в осознании нового пространства. Все-таки назовем это пространством, оно так же, как и наше, ощущается в нас. Но должна быть в моем ощущении проверка на истинность. Вот что необходимо.

Проверка на истинность возможна только при условии, что я выйду из себя и смогу откалибровать себя относительно чего-то вечного, совершенного, относительно эталона. Как я могу это сделать? Здесь и остановится вся наука. Получится постепенное замерзание и остановка. Как будто вошли в состояние коллапса.

Дошли до состояния – ничего нет. И что будет дальше?
Тогда наконец-то ученые начнут нас слышать. Потому что в этом состоянии у них будет огромное устремление вперед и одновременно огромное разочарование, осознание того, что они не могут этого постичь.

Есть потенциальный барьер, который наука не в состоянии пройти, и это будет ясно и известно. Люди поймут, что по ту сторону найдут нечто такое, что не в силах обнаружить здесь: я не могу это поймать, мне нужны другие органы ощущений. Где они – эти другие органы ощущений? Как я могу их уловить? Где, как я могу измениться, чтобы их поймать?

Возникает состояние, в котором ученые готовы слышать. Тогда они нас поймут. У них будут для этого все необходимые предпосылки: огромное устремление, влечение вперед, понимание собственного бессилия и ощущение, что то, что мы говорим, практически совпадает с их предвкушениями, предощущениями. Это будет им ясно.

Как экспериментаторы ученые могут пойти на наш эксперимент?
Обязательно пойдут – с позиции науки, с целью постижения. Что значит наука? Стремление к постижению Творца. Ученые и сегодня стремятся раскрыть Творца. Только Творцом они называют природу.

И мы называем природу Творцом. Для них природа проявляется в законах этого мира, а мы говорим: «Нет, природа намного шире, давайте исследовать законы следующего мира, делая из себя объект исследования».

Это самое сложное.

Сегодня этот объект – себя – мы как бы остановили и сказали: «Все, мы его не меняем». Допустим, берутся в математике какие-то уравнения и говорится: «Эту переменную не меняем – меняем все остальные». Таким образом, мы решаем уравнение. Потом эту переменную меняем, а другую консервируем. И так далее. То же самое здесь.

Каким образом сегодня мы относимся к природе? Воспринимаем себя такими, какие мы есть. Мы как бы не можем меняться, мы заморозили себя.

Мы исследуем природу – меняющуюся природу. Когда достигаем какого-то потенциального барьера, тупика, тогда как исследователи мы сможем услышать. А если мы начнем менять себя? Может быть, мы тоже являемся какой-то переменной величиной? Изменяя себя, мы увидим другие ощущения.

Ученые уже говорят о том, что постижение субъективно. Если ощущения субъективны, давайте менять субъект, и тогда увидим другие миры. Мы к этому подойдем. Не знаю, буду ли я в таком состоянии, что смогу с ними разговаривать, но эта перемена может произойти очень быстро.

Представляете, лауреаты Нобелевской премии, профессора вдруг сядут в круг и начнут…

За ручки держаться? Почему нет? Если таким образом можно себя менять и дальше постигать?

Мы что делаем? Мы являемся хуже или лучше их, если беремся за ручки и начинаем делать упражнения по изменению себя, чтобы сделать из себя новый орган ощущения?

Ученые поймут необходимость объединения вместо того, чтобы презирать и подставлять друг друга. Знаешь, какие эгоистические движения друг против друга существуют сегодня в науке? Они должны будут сесть в кружок и попытаться соединиться друг с другом, создать общий орган ощущения, способ исследования нового пространства. И в нем это пространство начнут ощущать.

После хлебного дара в главе «Цав» говорится:
/9/ А ОСТАВШУЮСЯ ЧАСТЬ ХЛЕБНОГО ДАРА ДОЛЖЕН ЕСТЬ ААРОН И СЫНОВЬЯ ЕГО. ЕЕ СЛЕДУЕТ ЕСТЬ ПРЕСНОЙ…

Никто другой не может есть. Только Аарон и его сыновья находятся на этом уровне – на уровне бины, в свойствах полной отдачи.

Если кто-то другой захочет съесть?
Не могут. Не на том уровне отдачи находятся. Для них это будет получением. Если с помощью работы над хлебным даром Аарон будет подниматься, то для других это невозможно: упадут.

Для них это может оказаться, наоборот, самой невкусной едой?
Нет, это будет смертью. Духовной смертью.

/9/ А ОСТАВШУЮСЯ ЧАСТЬ ХЛЕБНОГО ДАРА ДОЛЖЕН ЕСТЬ ААРОН И СЫНОВЬЯ ЕГО. ЕЕ СЛЕДУЕТ ЕСТЬ ПРЕСНОЙ, В СВЯТОМ МЕСТЕ: ВО ДВОРЕ ШАТРА ОТКРОВЕНИЯ ПОЛАГАЕТСЯ ЕСТЬ ЕЕ.

С выполнением всех условий на уровне бины.

Поэтому говорится «пресной»?

Да. Бина – это все, что находится внутри и вокруг шатра, в зависимости от ее уровня.

ЛЕСТНИЦА В НЕБО ПО ДИАГОНАЛИ

Дальше:

/12/ И ГОВОРИЛ БОГ, ОБРАЩАЯСЬ К МОШЕ, ТАК: /13/ «ВОТ ЖЕРТВА, КОТОРУЮ ААРОН И СЫНОВЬЯ ЕГО ДОЛЖНЫ ПРИНОСИТЬ БОГУ ЕЖЕДНЕВНО, НАЧИНАЯ СО ДНЯ СВОЕГО ПОМАЗАНИЯ: ДЕСЯТАЯ ЧАСТЬ ЭЙФЫ ТОНКОЙ ПШЕНИЧНОЙ МУКИ – ЕЖЕДНЕВНЫЙ ХЛЕБНЫЙ ДАР; ПОЛОВИНУ СЛЕДУЕТ ПРИНОСИТЬ УТРОМ, ПОЛОВИНУ – ПОСЛЕ ПОЛУДНЯ».

Снова вводится понятие десятой части. Она все время идет и преследует народ.

Малхут. Да, обязан приносить, от десятой части ты должен полностью отказаться. У тебя на нее никогда нет такого экрана, чтоб ты начал получать в нее ради отдачи.

Всегда будет эгоистическое получение в десятую часть? Поэтому она отрезается?

Именно благодаря тому, что ты на ней стоишь и всё делаешь выше нее, то всё, что выше нее, освящается. Отталкиваясь от своего эгоизма, ты можешь работать на альтруизм.

Если бы не было эгоизма, как бы ты работал на альтруизм? У тебя не было бы ничего. Все девять первых сфирот – это свойства Творца. Как ты можешь сделать себя подобным Творцу? Благодаря тому, что у тебя есть малхут, десятая часть, эгоистическая. Отталкиваясь от нее, вопреки ей ты строишь себя в подобии Творцу.

Отсюда возникла и стоящая на земле лестница Яакова, которая поднимается вверх?

Да, она идет от малхут к бине под углом, по диагонали: хохма, бина, зэир анпин, малхут. От малхут к бине идет эта лестница. Поэтому говорится: «Стоит на земле и идет в небо».

То есть от десятой части нужно отталкиваться, я ее не использую, я в нее ничего не получаю. Она для меня мертвый грунт?

Да, абсолютно. Это – десятина, которая свята. Она только для Аарона, для коэнов и левитов. Но и у них есть ограничения. Левиты отделяют десятину для коэнов из десятины, полученной ими самими. Там идет четкий разбор: для чего и как можно работать с нашим эгоизмом.

Действительно, это всё – бесконечность, можно входить и входить.

Да. И причем эти десять частей, десятая часть существуют на неживом, растительном, животном и человеческом уровне.

Поэтому десятая часть отдается, а у евреев – отрезается?

Да, под есод.

У других народов есть понятие десятины?

Десятина? Была когда-то. Мы еще в школе изучали средневековье. Это было как государственное налогообложение. Была церковная десятина. Откровенно говоря, историю всего мира в этом смысле я не изучал.

Дальше рассказывается, как эта десятая часть должна быть приготовлена. И говорится:

/17/ И ГОВОРИЛ БОГ, ОБРАЩАЯСЬ К МОШЕ, ТАК: /18/ «СКАЖИ ААРОНУ И СЫНОВЬЯМ ЕГО СЛЕДУЮЩЕЕ: ВОТ ЗАКОН О ГРЕХООЧИСТИТЕЛЬНОЙ ЖЕРТВЕ. ГРЕХООЧИСТИТЕЛЬНАЯ ЖЕРТВА ДОЛЖНА БЫТЬ ЗАРЕЗАНА ПРЕД БОГОМ НА ТОМ ЖЕ МЕСТЕ, ГДЕ РЕЖУТ ЖЕРТВЫ ВСЕСОЖЖЕНИЯ. СВЯТАЯ СВЯТЫХ ОНА».

Начинаются понятия разных жертв: грехоочистительная, повинная, мирная жертва.

Жертва, то есть то, чем ты можешь жертвовать от своего эгоизма ради отдачи и любви к ближнему.

Грехоочистительная жертва как бы очищает какой-то грех?

Да, если раскрываешь, что ты находишься в грехе. Что это значит? В эгоизме. Ты себе ближе, чем кто-то посторонний. Быть в грехе не сложно.

Если я это ощущаю, то любая моя жертва становится грехоочистительной?

Что значит «жертва»? Ты должен исправить это желание, в котором желаешь насладиться прежде, чем наслаждаешь других. Это называется жертва (*курбан*), то есть ты должен приблизить это желание к свойству отдачи.

«Я создал злое желание и создал Тору для его исправления». Свет Торы возвращает к источнику, то есть к

Творцу, к свойству отдачи и любви. Вот и всё – очень простая формула.

Все сводится к раскрытию эгоизма в себе. Наша задача и задача всего человечества – принять, что это зло; понять и почувствовать его?

Кроме нашего эгоизма, ничего другого нет. Эгоизма, который мы обнаруживаем в себе, и который не позволяет нам соединяться с другими. Это самое главное.

Эгоизм – это совсем не то, что в человеке существуют какие-то личные влечения, это всё переделка, это не эгоизм. И совершенно не Тора.

Тора – это собрание вокруг горы Синай, вокруг взаимной ненависти друг к другу. Ненависть (*сина*) начинается с чего-то абсолютно маленького, с того, что в чем-то я ближе себе, чем ты мне.

Вы сказали, что когда в пустыне ропщут евреи: «Хотим вернуться обратно в Египет, там нам было хорошо», – это происходит потому, что они почувствовали, что такое ненависть. И хотят уйти от этого. Они только здесь почувствовали ненависть, там ее не было.

Все 40 лет в пустыне – это раскрытие ненависти и ее исправление. Очень неприятная вещь, конечно.

ЕСТЬ ЖИЗНЬ, ЗАТЕМ СМЕРТЬ

Приближаемся к концу главы. Говорили о том, как через коэна приносится жертвоприношение. Возникло такое понятие, как грехоочистительная жертва. И дальше:

ГЛАВА «ПРИКАЖИ»

/1/ А ВОТ ЗАКОН О ПОВИННОЙ ЖЕРТВЕ; ОНА – СВЯТАЯ СВЯТЫХ. /2/ ПОВИННУЮ ЖЕРТВУ СЛЕДУЕТ ЗАРЕЗАТЬ НА ТОМ ЖЕ МЕСТЕ, ГДЕ РЕЖУТ ЖЕРТВЫ ВСЕСОЖЖЕНИЯ; И КОЕН ДОЛЖЕН ОКРОПИТЬ ЕЕ КРОВЬЮ ЖЕРТВЕННИК СО ВСЕХ СТОРОН. /3/ А ВСЕ ЛУЧШИЕ ЧАСТИ ЕЕ ОН ПРИНЕСЕТ НА ЖЕРТВЕННИК…

/11/ А ВОТ ЗАКОН О МИРНОЙ ЖЕРТВЕ, ПРИНОСИМОЙ БОГУ.

/13/ ВМЕСТЕ С КВАСНЫМИ ХЛЕБАМИ ДОЛЖЕН ОН ПРИНЕСТИ СВОЙ ДАР ПРИ БЛАГОДАРСТВЕННОМ ЖЕРТВОПРИНОШЕНИИ ЗА СВОЕ БЛАГОПОЛУЧИЕ.

Мы говорили, что есть грехоочистительная жертва. Человек понимает, что в нем есть эгоизм, что это плохо. Он как бы отдает это, отрезает от себя часть и, тем самым, приближается к состоянию отдачи. Очищается. И дальше происходит некоторое разделение – грехоочистительная жертва, повинная жертва, мирная жертва. Мирная жертва дается за свое благополучие. В «Большом комментарии» говорится:

…она была обязательной для каждого еврея, избавившегося от серьезной опасности. От еврея требовалось совершать благодарственное приношение в следующих случаях:
1. Если его освободили из тюрьмы.
2. Если он выздоровел после тяжелой болезни.
3. Если он возвратился из морской поездки.
4. Если он путешествовал по пустыне и благополучно вернулся назад.

То есть в случае счастливого окончания чего-то опасного.

Эти четыре случая упомянуты в Теилим (Псалмах). Речь идет о разделениях или это всё как бы одно течение?

Нет, четыре – это четыре вида, четыре уровня наших желаний. Так они и называются – один, два, три, четыре (неживое, растительное, животное, человек). Когда происходит какое-то исправление, то по его окончании человек становится ближе к Творцу. Его новое состояние, в котором он ближе к Творцу, называется принесением жертвы.

Допустим, я излечился от своего ужасного эгоизма. И теперь с помощью своего эгоизма, исправленного на альтруизм, могу сделать кому-то действительно подарок. При этом испытываю огромное наслаждение, потому что имею дело с исправленным эгоизмом. Насколько я его исправил, настолько могу сделать подарок, настолько могу уподобиться Творцу.

Я не могу преподнести подарок Творцу. Принося подарок ближнему, я испытываю от этого наслаждение. Раскрываю в себе свойство отдачи, в котором начинаю ощущать заполнение этого свойства Творцом. Состояние, когда Творец заполняет меня, и называется жертвоприношением.

Какая аналогия возникает здесь между тем, что ты наполняешься Творцом от того, что наполняешь ближнего, и тем, что режешь барашка, разделываешь его, сжигаешь – поднимается благовоние? Какое благовоние во всем этом процессе?

Жертвоприношение совершенно не соответствует тем образам, которые в нас существуют. Оно считается чем-то грубым, атавистическим, и само слово какое-то страшноватое. А ведь здесь говорится об исправлении человека, о том, что он перестраивает свой эгоизм на самые высшие моральные свойства.

Люди не ощущают этого. Особенно борцы против жертвоприношения, против убийства животных. На улице Шенкин в Тель-Авиве собирается огромная толпа людей, которые против принесения в жертву животных, против их убиения…

Человек создан таким образом, что он должен есть мясо. Я совершенно не поклонник мясной пищи, но таким образом мы созданы. Биологи, генетики, люди, которые знают основы биохимического управления нашим организмом, скажут: человек не может жить на зеленой пище. Он не может получить из нее все элементы, в которых нуждается его тело.

Но есть такие, кто борется против действия жертвоприношения. В человеке это воспринимается как убийство. Понимаете?

Да, да. Здесь человеку надо объяснить в таких ракурсах и в таких повторениях, сценах, чтобы у него изменилось мнение, чтобы он начал думать по-другому. А не относиться к жертвоприношению так, как привык изначально.

Понятно. Объяснить, что жертвоприношение – это постоянная работа с собой, над собой.

Чтоб у человека автоматически сложилось другое восприятие. Что еще от себя я могу принести в жертву ближнему? Это и есть жертвоприношение.

Очень важно добиться именно такой ассоциации. Продолжим. Дальше говорится о том, что мы уже проходили, но снова на другом уровне:

/21/ ЕСЛИ ТОТ, КТО ПРИКОСНЕТСЯ К ЧЕМУ-ЛИБО НЕЧИСТОМУ: К ТРУПУ ЧЕЛОВЕКА, ИЛИ К НЕЧИСТОМУ ТРУПУ ЖИВОТНОГО, ИЛИ К НЕЧИСТОМУ ТРУПУ ГАДА...

Труп – это нечистое. Это эгоистическое желание, которое не исправлено. Само по себе оно умерло, но еще не исправлено.

Есть жизнь, затем смерть. Жизнь – это эгоистическая часть, допустим. Затем идет смерть этого эгоизма. Потом переделка эгоизма на альтруизм. Как волна: плюс – минус, плюс – минус. Ты должен окунаться в минус – в эгоизм, затем приходишь к нулю, и потом весь этот эгоизм ты инверсируешь в альтруизм. Ноль еще ничего не значит. Ты можешь иметь дело только с духовно живым.

Что значит «прикоснуться к трупу»?

Прикоснуться – то есть ты входишь с ним в контакт. Внутренний контакт. Ты находишься с ним в адаптации, в понимании, в каком-то взаимном состоянии.

Если в духовном виде ты можешь сказать, что «я вошел с кем-то в контакт», значит, ты находишься в таком же состоянии, как и он. Если он – мертвое тело, значит, и ты находишься на таком же уровне, в состоянии мертвого тела.

МАЛХУТ СТОИТ НА КРОВИ

/21/ ЕСЛИ ТОТ, КТО ПРИКОСНЕТСЯ... СТАНЕТ ЕСТЬ МЯСО ЖИВОТНОГО, ПРИНЕСЕННОГО В МИРНУЮ ЖЕРТВУ БОГУ, ТО ДУША ЕГО БУДЕТ ОТТОРГНУТА ОТ НАРОДА ЕЕ.

ГЛАВА «ПРИКАЖИ»

Конечно. Ты уже не можешь благословлять. Мирная жертва приносится за то, что человек выходит из состояния угрозы.

Тут говорится о законах несоответствия или о законах коммутации, законах подобия. Всё в мире вообще и в нашем, в частности, построено на свойстве подобия.

Если ты прикоснулся

...К ТРУПУ ЧЕЛОВЕКА, ИЛИ К НЕЧИСТОМУ ТРУПУ ЖИВОТНОГО, ИЛИ К НЕЧИСТОМУ ТРУПУ ГАДА...
Вдруг гад выведен в какую-то другую сторону. Гады – это змеи, пресмыкающиеся...

Это эгоизм в своем самом явном проявлении.

Дальше говорится:

/26/ И НИКАКОЙ КРОВИ НЕ УПОТРЕБЛЯЙТЕ В ПИЩУ, ГДЕ БЫ ВЫ НИ ЖИЛИ, – НИ ПТИЧЬЕЙ КРОВИ, НИ КРОВИ СКОТА. /27/ ДУША ВСЯКОГО, КТО УПОТРЕБИТ В ПИЩУ КРОВЬ, БУДЕТ ОТТОРГНУТА ОТ НАРОДА ЕЕ.

Начались понятия: «Душа будет отторгнута от народа ее».

Душой называется всё, что находится выше малхут, то есть всё, что находится выше эгоистического свойства, выше желания, в намерениях на отдачу.

Кровь – это то, что питает малхут. Кровь – на иврите *дам*, от слова *домэм* – неживое.

То есть малхут стоит на крови?

Да, основа нашей жизни, нашего биологического организма. *Домэм* – это неживое, неживой уровень. Не неживой духовно, то есть неживой в духовных уровнях. А духовно неживой, то есть даже не находящийся на таком уровне.

Поэтому кровь необходимо полностью исключить из пищи. Любую, неважно какую. Вывод крови из организма производится через всевозможные правила кошерования, путем соления и так далее. Ни в коем случае нельзя употреблять ее. Пока кровь находится в теле животного, нельзя готовить из него пищу.

То есть мое желание совсем не должно касаться малхут? Что значит, что я не должен употреблять кровь в пищу?

Говорится о том, что все наши действия сводятся к двум составляющим: первое – это запрет на использование малхут и, второе, – как выше малхут, выше нашего эгоизма, мы строим свойство отдачи.

Что значит кошерование, то есть приготовление нормальной пищи? В первую очередь, необходимо убирать из нее всё, что относится к свойству малхут, и затем – как это делать. Недостаточно просто удалить кровь, надо сначала правильно убить животное, а до этого определить, является ли оно вообще пригодным для использования.

Есть виды животных, которых нельзя есть. Используются в пищу те, у которых есть обратная связь: процесс пищеварения как у коровы – жвачные животные. Животные с раздвоенными копытами, правая и левая линия, – соответствуют таким свойствам.

Из рыб можно есть только имеющих чешую и плавники. Из плодов дерева – те, которые растут более трех лет. Урожай с поля – только то поле, которое обработано так, что существуют *пиот* – края поля, где любой может собирать урожай. Кроме того, это поле раз в семь лет проходит очищение, то есть оставляешь поля и сады необработанными, не работаешь на поле, даешь земле отдыхать.

Убить скотину правильным методом – это так, чтобы она совершенно не чувствовала боли, выпустить из нее кровь через сонную артерию. После этого ее разделать. Затем засолить, этим еще больше удаляется вся кровь – соль как бы вытягивает кровь. Кроме того, в скотине есть части, которые нельзя употреблять в пищу. Есть части, которые должны проходить дополнительную обработку.

Ты не имеешь права употреблять сырое мясо. Оно обязано быть вареным, жареным, тушеным. И указано, сколько времени нужно варить или жарить, каким образом, чтобы не оставалось в пище что-то, подобное крови. То есть ты обязан поднять ее на уровень, который действительно соответствует свойству отдачи.

Если переведешь весь этот рассказ на себя, на свои свойства, то начнешь понимать, какие исправления ты должен производить в себе: что жарить, что освежевать, каким образом переворачивать на огне – с боку на бок и так далее. И только потом ты сможешь употреблять это для человека в себе.

Всё делается только для человека, для блага человека, во имя человека в нас. Остальные наши свойства: неживое, растительное и животное – должны убиваться и служить на пользу человека в нас.

Говорится о неживом, растительном и животном свойствах в нас, а не вокруг. То, что мы делаем вокруг, в мире вокруг нас, – это всего лишь копия того, что мы должны делать внутри себя.

Поэтому именно каббалисты занимаются тем, что объясняют, как человек должен исправляться самого себя, то есть по условию «человек – маленький мир». А все остальные делают вроде бы то же самое, но внешне, их интересует только внешняя сторона.

ПЛОД ДОЛЖЕН ДОЗРЕТЬ!

Интересно, как из всего человечества выбирается горстка людей, которая начинает заниматься настоящим очищением.

Эта часть людей ощущает стремление к истинному постижению природы мира и, в итоге, раскрывает и понимает мир именно таким образом, что все механические внешние действия ничего не решают.

Смотри на красивых артистов, политиков, дипломатов. Внешние действия, если они не соответствуют внутренним устремлениям человека, только обманывают и самого человека, и других людей. Он думает, что уже что-то сделал, другие люди думают, что он чуть ли не святой. А на самом деле – мы видим, к чему это всё приводит.

Люди уже не понимают вообще ничего и остаются формально существовать в своих лживых предрассудках.

Человечество подведено к состоянию, когда практически все говорят: «Всё ложь», «В это уже нельзя верить».

И всё равно не могут жить по-другому, потому что заменить нечем. Не могут ни от чего отказаться, нет замены уже действительно изжившим себя взглядам. Человечество должно еще развиться, чтобы суметь изменить парадигму.

Надеюсь, что Вы уже потихонечку капаете на это место, чтобы изменить парадигму, и хотите это сделать быстрее?

Нет, у меня есть терпение. И, кроме того, я не охвачен бредовой идеей, что именно я должен это сделать. У меня есть абсолютное спокойствие, что придут остальные, что подхватят и дозреют ученики. Не я руковожу этим делом.

Творец, общая система руководит процессом, и у меня нет совершенно никаких ревностных побуждений: якобы, именно я являюсь тем, кто с флагом в руках поведет человечество вперед к счастью.

Но есть ощущение убегающего, уходящего времени, что мы не успеваем?

И да, и нет. С одной стороны, очень хочется побольше сделать. С другой стороны, я понимаю, насколько мир инертен, и он не в состоянии просто абсорбировать в себе эту идею.

Я говорю с экономистами и вижу, что они не готовы даже описать новое устройство мира с точки зрения новой экономики, не могут охватить этого.

Если я говорю с точки зрения политического, государственного, общественного устройства на уровне маленького кибуца, сельскохозяйственной артели, маленького села – это да, понимают. А вот на что-то большее у людей пока что не хватает обзора.

Я вижу из этого общее состояние и не давлю на них, не рассказываю, как это может быть сделано. Потому что плод ранний - еще нельзя его срывать, плод должен дозреть. У них должны появиться к этому настоятельная потребность, вкус, желание. Тогда в мере этого желания можно объяснять, и они будут это ощущать как утоление жажды.

Есть земное понимание, что нужен пример?

Пример надо создавать постепенно. Необходима подготовка людей, которая позволит создавать такой пример. А она, как мы видим, еще далека от завершения.

И НЕ ТВОРЕЦ, И НЕ ЧЕЛОВЕК…

/1/ И ГОВОРИЛ БОГ, ОБРАЩАЯСЬ К МОШЕ, ТАК: /2/ «ПРИЗОВИ ААРОНА С СЫНОВЬЯМИ ЕГО, И ВОЗЬМИ СВЯЩЕННЫЕ ОДЕЖДЫ, И МАСЛО ДЛЯ *ПОМАЗАНИЯ*, И БЫКА, ПРЕДНАЗНАЧЕННОГО В ГРЕХООЧИСТИТЕЛЬНУЮ ЖЕРТВУ, И ДВУХ БАРАНОВ, И КОРЗИНУ ПРЕСНЫХ *ХЛЕБОВ*, /3/ И СОБЕРИ ВСЕ ОБЩЕСТВО У ВХОДА В ШАТЕР ОТКРОВЕНИЯ». /4/ И СДЕЛАЛ МОШЕ ТАК, КАК ПОВЕЛЕЛ ЕМУ БОГ, И СОБРАЛОСЬ ВСЕ ОБЩЕСТВО У ВХОДА В ШАТЕР ОТКРОВЕНИЯ; /5/ И СКАЗАЛ МОШЕ ОБЩЕСТВУ: «ТО, ЧТО Я СЕЙЧАС СОВЕРШУ, ПОВЕЛЕЛ СДЕЛАТЬ БОГ».

Далее Моше объясняет, что должны делать Аарон и его сыновья. Он одевает Аарона и его детей, он показывает, что делать с жертвой, как ее зарезать. Он показывает на примере то, что произносилось до этого на словах.

И в конце главы, когда все всё поняли, говорится:

/31/ И СКАЗАЛ МОШЕ ААРОНУ И СЫНОВЬЯМ ЕГО: «СВАРИТЕ МЯСО У ВХОДА В ШАТЕР ОТКРОВЕНИЯ И ТАМ ЖЕ ЕШЬТЕ И ЕГО, И ХЛЕБЫ ИЗ КОРЗИНЫ, ПРИНЕСЕННОЙ ДЛЯ ОБРЯДА ПОСВЯЩЕНИЯ. ИБО ТАК МНЕ БЫЛО ВЕЛЕНО: ААРОН И СЫНОВЬЯ ЕГО БУДУТ ЕСТЬ ВСЕ ЭТО. /32/ А ОСТАВШЕЕСЯ НА СЛЕДУЮЩИЙ ДЕНЬ ОТ МЯСА И ХЛЕБОВ ПРЕДАЙТЕ ОГНЮ.

ГЛАВА «ПРИКАЖИ»

/33/ И ОТ ВХОДА В ШАТЕР ОТКРОВЕНИЯ НЕ ОТХОДИТЕ СЕМЬ ДНЕЙ, ПОКА НЕ ПРОЙДУТ ДНИ ПОСВЯЩЕНИЯ ВАШЕГО, ИБО СЕМЬ ДНЕЙ ПРОДЛИТСЯ ОБРЯД ВАШЕГО ПОСВЯЩЕНИЯ. /34/ ТО, ЧТО БЫЛО СОВЕРШЕНО СЕГОДНЯ, ПОВЕЛЕЛ БОГ ДЕЛАТЬ ВСЕ СЕМЬ ДНЕЙ, ЧТОБЫ ИСКУПИТЬ ВАС. /35/ И У ВХОДА В ШАТЕР ОТКРОВЕНИЯ ОСТАВАЙТЕСЬ ДНЕМ И НОЧЬЮ В ТЕЧЕНИЕ СЕМИ ДНЕЙ; СЛЕДУЙТЕ ПРЕДОСТЕРЕЖЕНИЮ БОГА, ЧТОБЫ НЕ УМЕРЕТЬ, ИБО ТАКОЕ ПОВЕЛЕНИЕ ПОЛУЧИЛ Я». /36/ И ИСПОЛНИЛ ААРОН С СЫНОВЬЯМИ ВСЕ, ЧТО ПОВЕЛЕЛ БОГ ЧЕРЕЗ МОШЕ.

И прошли обряд искупления. Искупления – то есть отторжения от эгоизма. Что значит – искупление? Ты платишь за то, что освобождаешься от чего-то грязного, нехорошего, вредного, от какой-то болезни. Ты как бы откупаешь себя. Очищаешь.

И после этого входишь в другую жизнь, более здоровую. Это то, что произошло здесь. Через семь дней. Нам понятно, что это шесть сфирот: хэсэд, гвура, тифэрэт, нэцах, ход, есод. И седьмой день, когда малхут сама очищается.

Они могут подняться выше своего эгоизма, использовать его на свойство отдачи и любви, и тогда будут называться коаним, левиим, Аарон и его сыновья и так далее.

Если мы смотрим со стороны малхут, то она как бы впускает в себя все эти шесть сфирот?

Нет, малхут работает только над собой. Никогда в себя. Малхут поднимает над собой отраженный свет. То есть я работаю для того, чтобы в итоге насладился кто-то. Здесь не говорится о людях, речь идет о духовных свойствах.

Все, что я могу отдать, кроме своего собственного существования, когда я должен существовать, чтобы отдавать, идет на отдачу, выше малхут, чтобы уподобиться шести свойствам.

Есть отраженный свет до есод, до самой ближней к малхут составляющей?

До есод и не далее в малхут. От есод свет идет обратно. Он отражается от экрана, который находится между есод и малхут, и уходит обратно наверх. Таким образом и строится снизу вверх подобие этим шести свойствам.

Шесть свойств являются как бы раскрытием, ощущением Творца. Это происходит в состоянии, когда от малхут поднимается отраженный свет. От отражения строится прообраз нового человека, духовного человека, в него облачается Творец. В этом образе происходит слияние человека и Творца.

Причем, их совместный образ находится между первородным эгоизмом человека и альтруизмом Творца. Это и не Творец, и не человек – это то, что стало между ними. Один единственный образ, их слияние в единое целое. Такое состояние и является целевым.

То есть все время оно находится между?

Между ними, да. От его мощности, от его соединения между образом человека и образом Творца зависит определение, на какой из ста двадцати пяти ступеней находится человек в своем исправлении.

Все время происходит как бы духовное дыхание?

Да.

Глава «Прикажи»

Есть такая фраза, что в место, очищенное от эгоизма, входит Творец.

Да. Где происходит очищение от эгоизма? Малхут остается желанием получать. Намерение отдавать находится над малхут. Поэтому над малхут строится свойство отдачи, в котором раскрывается Творец.

На этом мы заканчиваем главу.

Я уверен, что люди сами будут догадываться обо всем остальном. Мы даем им просто общие направления. Им уже интересно продвигаться самим. Это самое главное. Ведь мы не обязаны рассказать все, что в этой книге описано. Это невозможно. Мы хотим дать им основы, а дальше они пойдут сами.

Глава «ВОСЬМОЙ»

ПЛЫВУЩИЕ ПО РЕКЕ СМЕРТИ

Продолжаем выяснять «Тайны Вечной Книги» и надеемся, что Вы раскроете нам секрет непростых вещей. Мы читаем тексты, которые, кажется, невозможно объяснить, и вдруг получаем простое объяснение.

Но что, если мы говорим о мире, с которым человек настолько не знаком, что в нем все неожиданно? Какие письменные документы могут что-то рассказать о нем?

Наши комментарии всего лишь повествуют о том, что Высший мир очень важен, что он находится вокруг нас, как сфера в сфере. Мы находимся в нем, и он управляет нами, каждым и всеми, во всем и постоянно. Это объяснение необходимо только для того, чтобы мы поняли, насколько на самом деле важно попытаться раскрыть его.

В нашем мире мы ничего не можем понять без Высшего мира. Мы видим, как с каждым днем все больше и больше запутываемся. Если мы не начнем понимать Высший мир, то ничего не сможем сделать со своей судьбой, с собой – останемся просто слепыми котятами. Если не будем знать влияние Высшего мира на нас, его воздействие, цели, то продолжим существовать в непонятном броуновском движении.

И самое главное, мы проживем бессмысленно всю эту жизнь. Мы снова уйдем в небытие, снова всплывем в тех же начальных условиях, потому что ничего не исправили, не развили в себе новые ощущения для пяти дополнительных духовных органов чувств. И все начнем сначала. Жаль!

Если человек придет все-таки к мысли, что он хочет этого развития, если он действительно поймет это, то Вы будете удовлетворены результатами наших бесед?

В общем, да. Думаю, достаточно, если человек узнает, что он и весь наш физический мир управляется Высшим миром, то есть миром строгих законов. Мы знаем только часть законов нашего мира, а законов Высшего мира вообще не знаем.

Это будет большим движением вперед, если человек поймет, что находится в жестком корпусе, в связке физических законов, которые воздействуют на него. В той мере, в которой он освоит эти законы для применения в своей жизни и сможет управлять ими, у него появится возможность воздействовать на них, проявить двустороннюю связь.

Люди, по крайней мере, будут знать, что они смогут не плыть вслепую по реке жизни. Я бы сказал, даже не жизни, а смерти. В общем, они уже станут зрячими.

Человек попытается примерять эти законы на себя?

Но этого недостаточно, необходимы и страдания. Допустим, я понимаю, что на меня что-то действует, что-то влияет. Хорошо. Ты влияй, а я пока как персонаж из фильма «Операция "Ы"» на стройке полежу. А что вокруг происходит?

Он лежит, а наши космические корабли бороздят просторы Вселенной…

Да, я полежу, а ты пока влияй.

Необходимо страдание. В фильме он вскрикивал: «Мама! Ой!», когда его розгами били. Небольшие страдания заставили его работать. Маленькие страдания и большое понимание – вместе это даст движение вперед.

Продолжаем наше путешествие по недельным главам. Начинаем главу «Шмини» – «Восьмой».

Краткое содержание: после семи дней посвящения, в день начала служения в Скинии, Моше призывает Аарона и его сыновей, и они совершают особые жертвоприношения. Моше и Аарон выходят благословить народ, и величие Творца является перед всем народом Израиля. Это – восьмой день.

Почему восьмой день? Хэсэд, гвура, тифэрэт, нэцах, ход, есод, малхут – семь дней заканчиваются. И восьмой день – постижение – это бина, если идти снизу вверх.

Это подъем от малхут?

Да, восьмой день – бина. Бина – это проявление божественного начала в нас, в человеке нашего мира.

ТВОРЦА, КАК ТАКОВОГО, НЕ СУЩЕСТВУЕТ

Интересно написано в «Большом комментарии»: народ волновался, будет проявление Творца или нет.

Это действительно зависит от того, как пройдут семь дней, то есть освоение нижних свойств, качеств, которые находятся в человеке: хэсэд, гвура, тифэрэт, нэцах, ход, есод. Они входят в малхут.

В зависимости от того, как малхут реагирует, осваивает эти свойства, в ней проявляется свойство бины. Это и есть проявление Творца.

Творца, как такового, нет. Его не существует.

Нет Его... Вы все время бросаете людей в дрожь.

Нет, нет, не в дрожь. Просто надо понять относительность определений нашего восприятия реальности. Мы говорим: «Творца нет». Это означает, что мы не можем Его воспринять, не можем определить, и потому Он для нас не существует.

Творец не существует до тех пор, пока мы не становимся подобными Ему в свойствах отдачи и любви, в связи между собой.

В нас должна сидеть эта аксиома: Он – это свойство отдачи и любви?

Да, но свойство отдачи и любви общее.

Как мы «забиваем» это в себя?

Никак. Мы не можем это взять ни как предположение, ни как аксиому. С помощью аксиом ты решаешь четкие, физические задачи. Можно ли здесь сказать, что это аксиома? В общем-то, наверное, да… Сам реши.

Потому что это не обсуждается?

Нет, дело не в том, что не обсуждается. А потому, что я исхожу из того, что должен принять Его именно таким – тем, который не существует в моих ощущениях.

Он не существует относительно моих свойств и чувств: мы всегда говорим только относительно человека. Он не существует относительно меня, потому что я не существую относительно Него. Нет во мне ни одного свойства, которое было бы подобно Ему, чтобы в этом свойстве я мог четко понять, почувствовать, определить, что это – Он.

Что Он есть?

Не Он. Вне меня Его нет. Свойство отдачи и любви во мне – это и есть Он. Поэтому Творец на иврите называется *Борэ*. *Бо* и *рэ* – приди и увидь. На иврите все эти определения всегда четкие.

Вообще все названия исходят из постижения реальности. Всё основано на реальных действиях, в том числе все имена.

Так вот *Бо рэ* – приди и увидь. И тогда ты Его найдешь.

Сначала приди, потом увидь?

Да. Прийти – это значит постепенно постичь свойство отдачи и любви. В этом свойстве ты начнешь ощущать какую-то реальность. Эта реальность и есть Творец.

Мы все время, так или иначе, об этом говорим. Я должен прийти к свойству отдачи и любви?

Ты должен создать его в себе и тогда сможешь определить, что такое Творец.

Изначально все-таки известно, что Он – это отдача и любовь?

Да, если ты Его раскроешь таким. Если ты Его таким не раскроешь, значит, Его нет. Это и есть относительность.

К чему я иду? Почему я утверждаю, что это отдача и любовь? Кто мне это сказал? Почему я в это поверил? И как я вбил это в себя?

Очень просто: я тебе сказал.

Вам-то я верю. А вообще…

Почему ты мне веришь?

По массе, по совокупности фактов.

Понятно. Поэтому приходят к человечеству люди, постигающие Творца, и говорят об этом.

И СНОВА НА ДИВАН

При этом во мне должна происходить внутренняя война?

В тебе происходит не внутренняя война, а внутренние выяснения. Если у тебя есть внутреннее направленное желание постичь, увидеть, определить, ощутить, наполниться этим знанием, этим ощущением, то в тебе живет эта потребность.

По нюху, по какому-то шестому чувству ты поймешь, что здесь что-то есть именно для тебя. Ты в себе определить его еще не можешь, но оно работает совершенно четко, физически. И от него не уйти: я должен выяснить, должен прилепиться к этому и просто следовать за ним каким-то образом.

Если у тебя нет этого внутреннего порыва, то ты зевнешь – и снова на диван.

Или я наполню свое любопытство и потеряю интерес?

Да. Или ты захочешь, может быть, делать какие-то фокусы, опыты, заниматься мистическими разговорами, чтобы девушек завлекать.

У нас долго не продержишься на этих мыслях. Не получится. Мы в этом деле, действительно, особые. Человек сразу поймет, что долго не выдержит. Это хорошо, что построена такая атмосфера?

По-другому я бы не смог. Меня сколько раз пытались тянуть в другие группы.

Как они там держатся? За счет любопытства, за счет знаний?

Видишь, сколько людей было и сколько ушло, причем были люди сильные вроде бы, горящие. Даже угрожающие – дескать, не тем путем идешь, товарищ. Ничего не сделаешь, люди приходят и уходят.

Вас это держит так, что невозможно сдвинуть с этой точки?

Это невозможно. Это не моя сила.

Об этой силе я прочитаю избранный отрывок из Книги Зоар. По традиции мы начинаем с маленьких отрывков из Книги Зоар – это тоже раскрытие Торы.

30) Во всем нужно проявить действие внизу. Поэтому Аароном было совершено действие внизу – семь дней посвящения, в течение которых он не выходил из скинии, и жертвоприношение на восьмой день, чтобы пробудить такое же действие наверху, при котором раскрывается единство во всем. И тогда все миры получают благословение, вызываемые Коэном. А сам Коэн наполняется всем совершенством, как подобает.[2]

Так Книга Зоар описывает всю главу. Аарон совершал действие внизу, оно соединяется, чтоб пробудилось действие вверху. Все время действие внизу пробуждает верхнее действие.

---

2   Книга Зоар с комментарием Сулам. Сокращенное издание под редакцией М. Лайтмана. Глава «Шмини», п. 30. http://www.kabbalah.info/rus/content/view/frame/66454?/rus/content/view/full/66454&main

Глава «восьмой»

То есть необходимо воздействие предводителя на народ, как на группу.

Воздействие Аарона – нашего желания в нас?

Да, желания, которое воздействует на группу. А группа своим сплочением, своими особыми действиями воздействует на силу, которая выше Аарона.

Сам Аарон не может воздействовать на эту силу. Он должен направить воздействие вниз, чтобы объединить людей, и чтобы они подействовали наверх.

И снова высшая сила будет действовать на него, чтобы он действовал вниз, чтобы они еще больше сплотились. Тогда на еще большую высоту они будут воздействовать вверх, к высшей силе более высокого порядка. Вот такая циркуляция.

То есть Аарон зависит от народа?

Конечно. И народ зависит от него.

Творец – высшая сила откликается только на народ. Это называется *тфилат рабим* – молитва многих. Народная молитва, народная просьба, глас народа.

Аарон может быть только учителем. Это и называется, что он возносит молитву народа наверх, но на самом деле он «заводится» народом. Самое главное – это народ.

Аарон заводится народом, и он же заводит народ. Через него народ идет наверх, и благодаря народу Аарон получает духовное возвышение. В свою очередь народ получает духовное возвышение через Аарона.

Каковы при этом мысли Аарона?

Только ради народа!

Только через подъем желания народа к Творцу они смогут дать Творцу возможность раскрыться.

«Я» Аарона не существует здесь ни в каком виде?
Только чтобы служить, никоим образом по-другому. Поэтому и называется *мамлехэт коаним* – царство коэнов.

Коэн – это тот, у кого нет своего надела, нет своего дома, у них нет ничего своего. Они только Божьи служители.

Божьи – в смысле народные. Они – народные служители: обучают народ, сплачивают его, показывают, каким образом уподобиться Творцу в своем объединении, в своем взаимном слиянии, соединении. И тогда через Аарона произойдет раскрытие Творца в народе.

В ПОДВАЛ НА ЛИФТЕ

Если мы сидим в одной комнате, изучаем источники, то можем уподобиться Творцу, не выходя в народ?
Нашими общими желаниями мы начинаем уподобляться Творцу, даже если замкнуты в одной комнате.

В наше время уже виден кризис, как проявление необходимости исправления во всем объеме. Для того, чтобы действительно проявить Творца, нам необходимо привлекать ту часть израильского и мирового сообщества, которая проявляет признаки разбиения.

Понятно. Из того, что Аарон существует только благодаря молитве нижних, можно сделать много выводов.

Это разбирается в статьях Бааль Сулама «Поручительство», «Дарование Торы»[3].

Дальше сказано.

52) И все это происходит благодаря тому, что Кнессет Исраэль, то есть Малхут, украшается и благословляется Коэном во время посвящения. А восьмой день – это радость Кнессет Исраэль, приходящая от постижения Творца, радость высших и низших. И подобно тому, как наполняется совершенством Коэн внизу, так же и Коэн наверху, свойство хэсэд зеир анпина, тоже словно наполняет совершенством.

Существует связь между двумя парцуфами, двумя системами – низшей и высшей.

Есть понятия «коэн низший» и «коэн высший»?

Да, все идет по подобию. Ребенок, которому исполнился годик, потом – два, три, четыре, – каждый раз как бы отпечатывает себя в большем масштабе и в разуме, и в чувствах, и в понимании. Эта «распечатка» идет по 125-ти ступеням, все построено на том, что низшая ступень подтягивается к высшей. То есть я всегда стремлюсь быть на одну ступень выше – в этом и заключается рост.

На каждой ступени есть абсолютно те же детали, таким же образом связанные между собой. Меняется единственное – связь между ними становится все более альтруистической.

Хотя наш мир абсолютно подобен духовному миру, связь здесь не подобная, а обратная. Наш мир находится на минус первой ступеньке, как бы в подвале. Допустим,

---

3   Статьи можно прочитать в Интернете на сайте: www.kabbalah.info

существует здание в 125 этажей, в нем курсирует лифт. И в нем же есть минус первый этаж – там мы и находимся.

Лифт туда не доходит?

Нет, лифт доходит, но подъем оттуда особенный. Тут нужен ключ – вставляешь в лифт, и тогда он тебя поднимает.

С низшего темного, подвального этажа подняться на первый этаж непросто. Первый этаж – это уже такие элиты, что тебя туда не пускают: ты должен полностью измениться, чтобы стать подходящим для первого этажа.

Тебе надо полностью измениться, находясь в подвальном этаже. Потому здесь нужна очень серьезная подготовка – превозмочь себя, исправить, подготовиться к первому этажу.

Следующие ступени друг относительно друга находятся уже только в сравнительном возвышении – эта немножко лучше, еще немножко лучше. Ты уже знаешь, куда расти, уже лучше взаимодействуешь с другими, глубже понимаешь. В общем, совершенно другая реализация.

Пример очень хороший. Мы сейчас работаем в этом подвале, правильно? Вся задача – подняться из подвала на первый этаж?

Да, правильно. Что находится там, по-твоему? Гремит музыка, бал, души веселятся в связи между собой. Души – не тела!

А здесь тела. Ведут войны, ненавидят друг друга.

Здесь тела, которые занимаются разбоем. И это всё. Даже невозможно представить, что поднимется лифт и ты начнешь видеть сказочный мир, вечный и совершенный. Мир абсолютной гармонии, построенный на связи

Глава «Восьмой»

между всеми, в постоянном движении, добрый, захватывающий, все время наполняющий и раскрывающий единство творения.

Как в подвале дойти до такого ощущения, что это все есть вверху?

Нам дана группа и учитель, который может нас к этому направить, как проводник, гид. Если мы будем слушать и пытаться создать в группе такие отношения между собой, то вдруг начнем чувствовать музыку, которая там звучит, особое наполнение новых чувств, выход из себя, подъем из себя в совершенно новые измерения.

Это должен подсказать учитель, направить нас, но при условии, что вслед за ним мы будем пытаться это сделать. Не важно, какими будут попытки, не важно, если мы будем разочарованы в их результатах.

Это важный момент. Что это такое – терпение идти дальше, несмотря ни на что?

Склонить голову под всеми волнами, которые идут. Они должны пройти над тобой, а ты все равно выплываешь. Это и называется «изгнание из Высшего». И потом постепенно-постепенно набирается определенный «стаж», ощущения, понимание.

Набирается критическая масса восприятия, впечатлений. Даже не четкого восприятия, а каких-то смутных, чувственных, внутренних намеков. И человек начинает быть все ближе к этому. Оттуда на него воздействует свечение, доносится какая-то музыка, доносятся запахи.

Он издали ощущает: что-то уже есть (где-то поднимается этот лифт). Человек еще в темноте, на минус первом этаже, но вот-вот что-то произойдет.

Все больше становится разница между тем, что он чувствует в своем предощущении и в том, где находится сейчас. То есть ощущение собственной тьмы становится все сильнее. Он не только не вдохновляется своим приближением к духовному этажу, а находится в еще большем отчаянии.

Он не чувствует приближения.

Вот в чем проблема! Это не физический подъем, это подъем инверсный. И получается, что поднимет людей наверх только общее сплочение в группе: между собой, с учителем, с учебой по четкому графику, без отклонений от него. Только это.

Это произойдет неожиданно?

Ни разум, никакие особые чувства ничего не дадут – только тупая настойчивость в достижении цели. Надо держаться друг за друга зубами и все время делать то, что требуется. Только лишь это! Поэтому это доступно всем.

Вы сказали, что академикам и профессорам это доступно в меньшей степени, чем простому человеку?

Да, разум здесь может мешать.

Когда из подвала на лифте поднимаешься на первый этаж, становится ясно, что есть еще *125 этажей* наверх?

Нет. Откуда? Там изменения в миллиарды раз большие, чем между нашим миром и духовным. Вот что интересно. Хотя там находятся подобные друг другу ступени, но разница между ними еще более критическая.

Нам не понять: это такие вселенные, о которых мы сейчас не можем ничего предположить. Но это все для нас.

ГЛАВА «ВОСЬМОЙ»

СВИНЬЯ И ВЕРБЛЮД, КОЗА И КОРОВА

Еще одна небольшая цитата из Книги Зоар:
Общее правило состоит в следующем: так же как есть десять сфирот веры наверху, есть десять сфирот нечистого колдовства внизу. Все животные на земле делятся на относящихся либо к одной стороне, либо к другой. И Писание разрешает нам употреблять в пищу животных, относящихся к десяти сфирот стороны святости, и запрещает относящихся к десяти сфирот стороны скверны.
Так очень прямо Книга Зоар говорит об этом.

Да, но не имеется в виду наш мир и колдовство в нашем мире, потому что это всё глупости. Чисто психологические воздействия и не более того.

Что кушать и что не кушать – это следствия, вытекающие из духовных корней. В духовных корнях есть возможности эгоистические и альтруистические. Эгоистические возможности называются по-разному: несвятыми или вредными, или нечистыми. Нечистыми – то есть не освобожденными от эгоистической грязи.

И наоборот, наши неживые, растительные, животные и человеческие свойства, которые основаны на свойстве отдачи и любви к ближнему, называются чистыми, исправленными. Их можно употреблять. Вот и всё, ничего сложного здесь нет.

В нашем мире отпечатки от высших эгоистических свойств считаются нечистыми. Но это всего лишь условность – нечистая для употребления в пищу свинья, нечистый верблюд. Это потому, что высшие силы, которые соответствуют этим существам, эгоистические.

Есть другие высшие силы – альтруистические, они соответствуют другим существам, допустим: курица, коза, корова. В нашем мире в них есть специальные особые приметы, как отпечаток Высшего мира.

В Высшем мире для того, чтобы желание было альтруистическим (желание – это малхут, свойство получать), оно должно быть соединено с биной, с намерением отдавать.

В животных свойство получать с намерением отдавать должно приводить к тому, что их пищеварительный акт построен как у коровы. Она жует и отрыгивает, жует и отрыгивает, у нее существует постоянный особый процесс поглощения пищи. Свойство малхут – бина, малхут – бина. Конечно, в корове ничего этого нет. Это следствие, исходящее из высших корней в наш мир, в наши животные свойства. Это, во-первых.

Во-вторых, раздвоение правой и левой линии. Свойство отдачи, намерение отдачи и желание получать существуют отдельно. Это правая и левая линия. В той мере, в которой есть намерение отдавать, используется желание получать, то есть я могу получать ради отдачи. Это символизируется раздвоением копыт.

Кошерное животное в нашем мире – это животное, у которого раздвоены копыта и существует особый вид пищеварения.

Среди рыб кошерными считаются имеющие плавники и чешую. Это вид экрана, который обязан быть в водном мире. Если этого нет, то в пищу употреблять невозможно. Допустим, форель можно есть, а сома нельзя.

Среди птиц указано, что нельзя есть всевозможных стервятников, а других – можно, например, курицу, голубя.

ГЛАВА «ВОСЬМОЙ»

ПОВАРЕННАЯ КНИГА КАББАЛИСТА

В этой главе все они называются.

Это особенное место в Торе перечисляет, кого можно употреблять в пищу, кого – нет. Таким образом Тора указывает, что никогда ты не найдешь каких-то других дополнительных видов животных. Это, что называется, печать Божья: знай, что Я сотворил именно это, а больше из этого вида – ничего.

Три тысячи лет этой книге, и, действительно, ничего другого не нашли, сколько не искали.

Неживая, растительная, животная природа и человек – эти желания духовного мира олицетворяются в нашем мире. И чем выше желание, тем больше требований предъявляются каждому из этих уровней.

Из неживого состояния ты можешь употреблять в пищу всё, что хочешь. Практически мы употребляем только соль, воду и землю. Есть такие виды земли – питательные, которые можно употреблять в пищу, правда, сегодня это не принято.

Растительные – на них существуют довольно небольшие запреты. Есть особый вид кашрута, то есть пригодности к использованию желания, которое олицетворяют эти виды растений. Это необходимо, чтобы их можно было употреблять в пищу.

На фруктовые деревья существует три года запрета, то есть дерево должно плодоносить три года прежде, чем ты можешь снимать с него плоды. Ты не имеешь права срубать деревья, но это относится уже к работе человека над деревьями. Существуют запреты относительно сохранности плодов. Недозревшие и перезревшие плоды нельзя есть, то есть плод должен быть подходящим в своем развитии.

Животные – уже очень большие различия. Поэтому установлены сложные законы. В том числе, правила приготовления пищи. Самое главное – из животных необходимо полностью удалить кровь. Кровь нельзя употреблять ни в коем случае. Ты должен отрезать какие-то части животных, которые тоже не имеешь права употреблять. Варить особым образом, до определенного предела – не меньше и не больше. Существует очень много особых условий для приготовления пищи. Указывается всё.

Кстати говоря, если четко рассматривать эти законы, то они самые подходящие для человека: для желудочно-кишечного тракта, для переваривания пищи.

У меня возник такой вопрос. РАМБАМ, который написал поваренную книгу, исходил из законов кашрута?

Конечно! Естественно! При этом он находился в Высших мирах. Он – каббалист, он – постигающий корни этих явлений.

Надо же, взял и написал книгу, как готовить и какую пищу употреблять.

Потому что, если ты будешь следовать этим правилам, то твое существование будет подобно Высшему миру, высшим законам. Это всегда во благо, в том числе и для твоего животного тела.

Сегодня мы отравлены всевозможными модернизированными продуктами питания.

Настолько отравлены, что по книге РАМБАМа не сможем существовать?

Я думаю, что для нас это будет яд. Если вытащить тебя в поле или в лес на свежий воздух, у тебя будет кружиться головa. И надо быстренько вернуться опять в город, куда-нибудь к автостоянке.

Вы начали раскрывать нам всю эту главу, которая на этом и стоит: что можно употреблять, что – нет.
Всё построено, если говорить каббалистическими терминами, на связи малхут с биной. Малхут – свойство получения, бина – намерение отдачи. Если намерение отдачи и свойство получения связаны правильно, то есть получение ради отдачи, то ты можешь использовать желание правильно. Это и называется кошерный вид употребления малхут, потому что кошерный – это ради отдачи. Через общество на Творца.

Начнем читать эту главу:
/1/ И БЫЛО, НА ВОСЬМОЙ ДЕНЬ ПРИЗВАЛ МОШЕ ААРОНА, И СЫНОВЕЙ ЕГО, И СТАРЕЙШИН ИЗРАИЛЯ, /2/ И СКАЗАЛ ААРОНУ: «ВОЗЬМИ СЕБЕ БЫЧКА МОЛОДОГО ДЛЯ ГРЕХООЧИСТИТЕЛЬНОЙ ЖЕРТВЫ И БАРАНА БЕЗ ПОРОКА ДЛЯ ВСЕСОЖЖЕНИЯ И ПРЕДСТАВЬ ПРЕД БОГОМ.

Человек должен взять барана и бычка молодого для грехоочистительной жертвы. Возьми из себя эти два желания и начни их очищать от своего эгоистического намерения. Поднимай свое желание к правильному использованию, из своих низших грешных недр наверх к свету.

И дальше говорится:
/3/ И СКАЖИ СЫНАМ ИЗРАИЛЯ: ВОЗЬМИТЕ КОЗЛА ДЛЯ ЖЕРТВЫ ГРЕХООЧИСТИТЕЛЬНОЙ, И БЫЧКА, И ЯГНЕНКА ОДНОЛЕТНИХ БЕЗ ПОРОКА ДЛЯ ВСЕСОЖЖЕНИЯ. /4/ И БЫКА, И БАРАНА В ЖЕРТВУ МИРНУЮ,

ЧТОБЫ ЗАРЕЗАТЬ ПРЕД БОГОМ, И ХЛЕБНЫЙ ДАР, СМЕШАННЫЙ С МАСЛОМ, ИБО СЕГОДНЯ БОГ ЯВЛЯЕТСЯ ВАМ».

Конечно! Если ты этого не сделаешь, Он не явится.

Именно сегодня этот день.

Да, это приготовление. Во-первых, обязательно определенный день, место, время. Во-вторых, должно быть исполнено только Аароном – не народами мира и не народом Израиля, и не левитами, а только коэнами.

ЗАРЕЗАТЬ, ПРИГОТОВИТЬ И ПОДАТЬ ТВОРЦУ

И даже не Моше?

Даже не Моше, только коэнами. И из коэнов – только Аароном. Это должно быть исполнено именно в таком виде, как он им сказал: это и то возьми и так-то приготовь.

Что значит приготовить? Из своих желаний выбрать место и время. Имеется в виду, что время, движение, желание, намерение должны, в итоге, давать исправленное желание на отдачу, на связь с ближним.

Вот тут и говорится, кто из людей находится в тебе, какое человеческое свойство должно быть в человеке. Это Аарон в тебе, который должен взять козла, барана, определенным образом зарезать, приготовить.

Это желание зарезать, приготовить, подать так, чтобы его мог вкушать Творец. Что значит Творец? Когда всё поднимается ради отдачи и любви.

Обо всех этих свойствах сказано в аллегорическом виде. Ведь ничего не сделаешь: в нашем мире нет другого выражения, кроме как нарисовать человеку, что все свои желания сейчас он поднимает к отдаче обществу и через это – к отдаче Творцу. При этом раскрывается Творец, нисходит ощущение Творца и на общество, и на самого человека, который находится в роли Аарона.

Сколько отличий, деталей! Это ягненок-одногодок...

Когда ты начнешь работать, тебе этих отличий не хватает. Поэтому что было сделано? Когда возникали вопросы, что точно должен делать человек в разных ситуациях, возникла Мишна, где объясняется каждое из этих действий, каким образом точнее оно должно выполняться.

Потом и Мишна перестала быть понятной, потому что мы стали более эгоистичными. И уже не известно, что делать: эгоизм весил когда-то килограмм, и я знал его, знал, что с ним делать, как отрезать, взвешивать и как с ним работать.

Сейчас мой эгоизм стал весить сто килограмм. В нем появились новые возможности: жадность, ревность и прочее. Я уже не знаю, как мне свежевать мое мясо, что из него годно, а что – нет, и в каком виде все это готовить. И тогда появился Вавилонский Талмуд.

Как переводится Мишна? Талмуд?

Мишна – это повторение. Повторение Торы. Талмуд – это учение. Они появились только потому, что возникла проблема с выполнением этих законов.

Мы начали с Торы, с одной книжки. Но эгоизм рос, нужно было пояснение, и оно появляется?

Сначала – Мишна. Когда эгоизм стал неуправляемым, появился Талмуд. Эгоизм уже стал просто эгоизмом. И ничего не оставалось, кроме того, чтобы просто его изучать. Это состояние называется изгнание – *галут*.

Я заглянул в «Большой комментарий». Он, как всегда, объясняет еще более прямо, и говорится так:

Моше сказал своему брату Аарону: «Когда Всемогущий назначил меня временным первосвященником на семь Дней Освящения, я лелеял тайную надежду, что мне позволено будет навсегда сохранить эту должность за собой. Но за то, что я сперва отказался исполнить требование Всемогущего вывести из Египта евреев, стать первосвященником мне не дано. И поэтому эта должность передается тебе, Аарон».

«Брат мой, как я могу так поступить с тобой? — взмолился Аарон. — Как я могу быть первосвященником, после того как ты столько сил затратил на сооружение Мишкана?»

Моше ответил: «Как ты возликовал, услышав, что Творец избрал меня вести еврейский народ, так же и я радуюсь, что ты будешь совершать службу первосвященника».

Можно понять психологически, когда говорится о двух людях. Но когда это происходит в одном человеке, понять труднее.

Моше и Аарон – противоположные свойства. Как братья они существуют в одной единой связи, а между братьями всегда есть разрыв и связь.

На этих двух противоположных свойствах нам показывают, как оба из них – правое и левое – можно употребить на благое воздействие на всех. Аарон – левая часть, Моше – правая. По своей природе они несовместимы. Именно поэтому и требуется раздельная работа.

ГЛАВА «ВОСЬМОЙ»

СЕГОДНЯ ОН ПОЯВИТСЯ

Между ними парса – раздельная работа?

Да. Моше – это свойство отдачи и любви, близости к Аврааму. Свойство Аарон – внутренне очень напряженное, нехорошее свойство, но, естественно, преодолевающее себя и работающее на Творца.

Аарон – свойство, которое еще может падать, как это было в истории с золотым тельцом?

Да, это мог сделать только Аарон. Моше бы такого не допустил. Но они обязаны взаимно дополнять друг друга.

Говорится в «Большом комментарии»:
Евреи тревожились, так как за семь дней, в течение которых Моше ставил этот Мишкан и совершал ежедневные жертвоприношения, то есть Творец все-таки не появлялся в нем.
«Сегодня Творец спустится и примет жертву Аарона», — сказал Моше.
Услышав это, евреи с радостью и усердием бросились готовить жертвоприношения.
Они тревожились, так как в течение семи дней Он не появлялся, у них возникло ощущение, что Он должен появиться. Они сейчас в ожидании, ждут. А Он не появляется. И только после слов Моше, что сегодня Он спустится, евреи бросились готовить жертвоприношения. Они верят Моше и идут за ним.
И дальше вот что:
/5/ И ПРИНЕСЛИ ТО, ЧТО ВЕЛЕЛ МОШЕ, К ШАТРУ ОТКРОВЕНИЯ, И ПОДОШЛО ВСЕ ОБЩЕСТВО, И СТАЛО ПРЕД БОГОМ. /6/ И СКАЗАЛ МОШЕ: «ТО, ЧТО

ПОВЕЛЕЛ БОГ, СДЕЛАЙТЕ, И ЯВИТСЯ ВАМ СЛАВА БОГА». /7/ И СКАЗАЛ МОШЕ ААРОНУ: «ПОДОЙДИ К ЖЕРТВЕННИКУ, И ПРИНЕСИ ГРЕХООЧИСТИТЕЛЬНУЮ ЖЕРТВУ СВОЮ И ЖЕРТВУ ВСЕСОЖЖЕНИЯ СВОЮ, И ИСКУПИ СЕБЯ И НАРОД, И СДЕЛАЙ ЖЕРТВОПРИНОШЕНИЕ ОТ НАРОДА, И ИСКУПИ ЕГО, КАК ПОВЕЛЕЛ БОГ».

То есть начинай исправлять себя на уровне жертвенника. Жертвенник – это курбан, от слова *каров* – сближение.

Это значит – «подойди к нему»?

Да, сближайся с Творцом тем, что начинаешь исправлять свои желания с намерения «ради себя» на намерение «ради общества, человечества, Творца».

И тогда в этих исправленных желаниях проявится Творец.

Что народ должен сделать, чтобы у Аарона это произошло?

Народ – составляющая часть свойства Аарон в человеке. Эта часть обязательно должна к нему примкнуть. Вместе с этим высшим желанием в человеке все мелкие желания и свойства обязаны участвовать в исправлении. Человек должен подбирать всего себя к этому акту – к сближению.

Не может оказаться среди народа тот, который не участвует в акте жертвоприношения?

Нет, ты обязан проверить и выявить в себе все свои склонности, желания, побуждения, собрать их вместе и устремить именно к постижению той ступени, которая сейчас является раскрытием Творца.

Тем самым я приближаюсь к жертвеннику и к Аарону? Да.

Далее говорится, как Аарон это делал. **Он делает всё, что повелел ему Моше: зарезал бычка, обмакнул палец в крови, кровью помазал углы жертвенника, облил, вылил всю кровь и так далее. Принес хлебный дар. Он делает всё, как положено.**

И дальше вот что:
/22/ И ПОДНЯЛ ААРОН РУКИ СВОИ, ОБРАТЯСЬ К НАРОДУ, И БЛАГОСЛОВИЛ ЕГО, И СОШЕЛ, ПРИНЕСЯ ГРЕХООЧИСТИТЕЛЬНУЮ ЖЕРТВУ, ЖЕРТВУ ВСЕСОЖЖЕНИЯ И ЖЕРТВУ МИРНУЮ. /23/ И ВОШЛИ МОШЕ И ААРОН В ШАТЕР ОТКРОВЕНИЯ, А ВЫЙДЯ, БЛАГОСЛОВИЛИ НАРОД, И ЯВИЛАСЬ СЛАВА БОГА ВСЕМУ НАРОДУ. /24/ И ВЫШЕЛ ОГОНЬ ОТ БОГА, И СЖЕГ НА ЖЕРТВЕННИКЕ ВСЕСОЖЖЕНИЕ И ЖИР, И КАК УВИДЕЛ ЭТО НАРОД, ВОЗЛИКОВАЛ ОН И ПАЛ НИЦ.

Народом являются все самые низшие из наших желаний. Все построено по пирамиде: внизу самые многочисленные, но самые слабые. Самые низкие желания исправляются с помощью более высоких. Все они эгоистические, но исправляются одновременно в связи между собой.

Свойство отдачи и любви проявляется постепенно – с высших желаний в низшие с помощью того, что низшие желания помогают высшим, а высшие – низшим.

Здесь существует взаимная система прямого и обратного света. Система – аналоговая, не дискретная, и поэтому ее включение происходит в начале и в конце одновременно. Не может быть пошагового действия – чего-то в начале, а потом в конце.

Она действует одновременно сверху вниз и снизу вверх. Это принцип духовного мира. В нашем мире тоже существуют такие аналоговые системы.

Низший зависит от высших, а высший – от низших. Не будет полного раскрытия Творца, пока распространение не пройдет сверху вниз и снизу – вверх. Существует взаимное дополнение высших и низших. Потому и говорится, что будет явление Творца народу.

Раскрытие свойства отдачи и любви должно проявиться не только на высших, но и на самых низших уровнях. Причем, в итоге, ощущение Творца, Его раскрытие должно существовать во всех в полном виде. Нет разницы в раскрытии Творца между высшими и низшими. Когда раскрывается Творец, различие между всеми абсолютно аннулируется.

В данном случае Он раскрывается и для Аарона, и для Моше, и для народа?

И для народа. Для всех. Совершенно не важно, к чему и к кому ты относишься – абсолютно все равноправны и наполняемы в равной мере – вот, что важно. Получается глобально-интегральная схема.

Но существует условие – народ стоит около жертвенника и выделяет руководителей?

Низшие должны прислуживать высшим, высшие – низшим, и все они работают на Творца. А Творец – на каждого из них и на всех вместе.

Завязаны абсолютно все. Творец завязан на них не меньше, чем они на Него. Так мать зависит от детей не меньше, чем дети от нее. Не понять, кто в ком нуждается больше. В итоге проявляется, что все находятся во всех.

Глава «Восьмой»

Как бы понять эту полную замкнутость?

Она постигается в новых альтруистических свойствах, которые и являются следствием очищения, правильного приготовления жертвы, то есть себя самого.

Когда ты из себя самого делаешь жертвоприношение, приближаешься по свойствам к Творцу, тогда в этих свойствах проявляется Творец – всем и в абсолютно равных видах.

Человек начинает понимать, что работать на себя, работать на других и работать на Творца – это одно и то же. У него вообще пропадает какое бы то ни было ощущение дифференциации творения. Все проявляется как один мир Бесконечности – полное слияние.

В этом проявлении интегральности мира, замкнутости есть аналогия с этим миром?

В нашем мире это проявление начинается с его разбиения, с взаимной плохой связи, чтобы мы пришли к необходимости его исправления.

Это начало всеобщего исправления, вынужденного, поневоле – таким образом мы приходим к нему. Сейчас в нашей воле не идти, понукаемыми ударами, раскрывая все большую отрицательную интегральность, а раскрывать положительную интегральность.

Здесь все-таки существуют две стадии? Первое – понимание, что мы разбиты (чего нет в массе людей), понимание эгоистичности существования. И второе – начало исправления эгоизма и соединение в интегральную общую систему – круглую, как Вы говорите. Это приближение к жертвеннику?

Это приближение к жертвеннику.

БЫК И ЗОЛОТОЙ ТЕЛЕЦ

Далее Аарон вступает уже полностью в свои обязанности, начинается его служба. Я хочу процитировать «Большой комментарий».

Напомним, что это за книга. «Большой комментарий» написан примерно 3600 лет назад. Книга писалась и позднее, но начало ее создания относится к периоду Вавилонского столпотворения, выхода Авраама из Вавилона и разрушения Вавилона. Еще до выхода из Египта.

«Большой комментарий» – это действительно нечто очень большое и протяженное во времени, сопровождает историю народа на протяжении многих-многих лет!

Потом, когда народ вышел в изгнание, продолжал писаться «Большой комментарий»?

В наше время, то есть в последние 2000 лет, – уже нет. «Большой комментарий» писался 3600 лет назад – это периоды фараонов, то есть самая древняя история мира. Он сопровождал все развитие человечества.

И его написание остановилось, как Вы говорите, перед выходом в галут?

Да.

Итак, написано в «Большом комментарии»:
Когда жертвенные животные были готовы, наступила очередь Аарона начать служение. Однако он стоял и не двигался. «Выйди, Аарон! — вскричал Моше. — Почему ты медлишь? Ты же избран первосвященником. Наберись храбрости и начинай служение!»
Но Аарон продолжал стоять в нерешительности, потому

Глава «восьмой»

что всякий раз, когда он смотрел на жертвенник, тот принимал очертания быка.
Аарон был абсолютно безгрешен, за исключением случая с золотым тельцом. Это прегрешение лежало на его душе тяжким грузом. Он опасался, что Творец отвергнет его служение.
Моше сказал ему: «Не надо бояться! Всемогущий простил тебя!» Тогда только Аарон взошел на жертвенник.
И дальше:
Свершив обряд жертвоприношения, Аарон поднял руки и благословил народ коэнским благословением: «Да благословит тебя Творец и защитит тебя…»
Мы говорим о Шхине. Как перевести это понятие?

Явление Творца. А Мишкан – это место, где находится Шохен – Творец.

Тогда, покинув это место, где появляется Творец:
Аарон направился к Моше и сказал ему: «Брат мой Моше, ты выставляешь меня на великий позор. Ты велел мне совершить службу, а она ничего не дала!»
И оба брата вместе вошли в Мишкан и пали перед Всемогущим, умоляя Его вновь даровать Свою Шехину народу Израиля. Совершив молитвы, они вышли к народу и благословили его: «Да покоится Шехина на творении ваших рук!»
Это из Теилим (Псалмов).
И тогда появился огонь Шехины. Все евреи видели, как с Неба спустился огненный столб, вошел в Мишкан, поглотил жертвы на жертвеннике и обосновался там. Узрев это чудо, они упали ниц и воздали хвалу Творцу.
Целая история. Интересны все внутренние диалоги. Как ощущает человек, который пишет «Большой

комментарий»? Здесь говорится о том, что Аарон не хотел войти, вдруг ему казалось, что это очертание быка…

У меня совсем нет таких ассоциаций, никаких быков я не вижу. Мы были как-то с женой на корриде в Севилье. Но я не представляю себе этого быка, которого потом тут же рядом в соседнем ресторане разделывают, а вечером все сидят на улице и заказывают мясо. Это совершенно не то.

Во-первых, все говорится об одном человеке. Нам трудно воспроизвести это действие в одном человеке, а представь себе огромное количество людей, которые вместе, как один. Они сопереживают и чувствуют всё, как один человек: насколько их чувства являются взаимными, насколько их ощущения становятся более острыми.

Во-вторых, они начинают, как один человек, поднимать себя, разделяя себя на народ (исраэль), на левитов (левиты – служители, обслуживающие коэнов, это уже высший слой служения в человеке).

В человеке есть: НЕХИ, ХАБАД, ХАГАТ – три уровня в общем парцуфе, в общем образе Адама. Мы все постоянно собираем образ цельного Адама (человека). Здесь они и начинают ощущать, поднимаются ли до уровня Аарона, чтобы войти в контакт с Творцом? В общем-то, это самый важный уровень.

И есть еще уровень коэнов. Есть уровень Аарон. Есть уровень Моше.

Вся их задача – достичь слияния, соединения между собой. Только в соединении они поднимаются. С уровня народа поднялись на уровень левитов, еще раз поднялись – с уровня левитов на уровень коэнов. Поднялись с уровня коэнов – достигли уровня Аарона. Поднялись с уровня Аарона – достигли уровня Моше.

Всю проблему объединения они решают внутри себя настолько, что в их общем объединении, которое называется Мишкан, проявляется Шохен.

Шохен – это Творец, от слова нисходящий, проявляющийся. Он ощущается, как бы нисходящим в это место, заполняющим какую-то низину, как туман заполняет долину. Таким образом, это ощущается в человеке.

КРАСНАЯ ШАПОЧКА В ДРЕМУЧЕМ ЛЕСУ

Аарон считает себя недостойным этого служения?

Он еще ощущает в себе прошлый разрыв, прошлый кризис, прошлое разбиение.

Во время создания золотого тельца?

Да. И поэтому Аарон должен пройти через эту точку разбиения, просто пройти через бифуркацию и подняться снова. Когда это происходит, тогда он уже готов, начинает исправлять то, что было совершено во время золотого тельца. Благодаря этому все поднимаются.

Аарон начинает ощущать, что проблема, которая тогда была скрыта, нужна для того, чтобы сейчас ее исправить. Таким образом, она должна проявиться, иначе она осталась бы нераскрытой. Сейчас ее можно раскрыть и исправить.

Это происходит, когда он связывается с Моше?

Когда они вместе начинают работать и достигают состояния Шхины – явления Творца. Нисходит высший свет, облаченный в свойство отдачи, которого все достигают в своем сближении друг с другом.

Вот что говорится после того, как оба брата вошли, пали ниц перед Всемогущим, умоляя Его вновь даровать свое явление народу:

И тогда появился огонь Шехины. Все евреи видели, как с Неба спустился огненный столб, вошел в Мишкан, поглотил жертвы на жертвеннике и обосновался там. Узрев это чудо, они упали ниц и воздали хвалу Ашему. Что это за состояние в человеке?

Они исправили связь между собой таким образом, что самый сильный эгоизм, который является самым злобным, самым ярым, стоит уже под исправлением. Поэтому мог проявиться такой сильный свет, как огонь сжигающий.

Хотя ненависть, взаимное отталкивание, взаимное соперничество, отдаление, отторжение заменяется любовью, все равно это остается внутри. И поэтому, когда соприкасаются эти два противоположных свойства, между ними возникает огонь.

Причем действие становится уже постоянным, ты из него не выходишь. В духовном вообще нет такого, что ты достиг какого-то уровня и с него падаешь. Ты не падаешь, тебе добавляют еще эгоизм, ранее не раскрывавшийся в тебе, в него ты и падаешь. Но это не падение, это подъем по левой линии.

Потом идет освоение этой ступени? Поэтому и говорится, что «обосновался там огонь» – обосновался на этой ступени?

Да, всегда идет так.

Глава «восьмой»

Вы на уроке давали задание – перевести сказку о Красной Шапочке на язык духовного мира.

Кроме духовного, вообще ничего нет. Ты можешь взять любой персонаж, допустим, студент Раскольников убивает старуху – все, что хочешь!

Напротив сидел парень, который сказал: «Что это за мама, которая отправляет свою дочку к бабушке через дремучий лес?» И сразу ответил: «Это бина». Потом Вы сказали, что, действительно, мама – это бина. Когда Красная Шапочка идет через лес, появляется Серый Волк, то есть, эгоизм, клипа. Он хочет узнать дорогу, чтобы самому воспользоваться бабушкой.

Красная Шапочка по простоте душевной рассказывает, что идет к бабушке.

И Волк идет брать себе, как от Творца, и съедает бабушку.

Потом очень интересно, когда Красная Шапочка вдруг говорит: «А почему у тебя такие большие глаза? Почему у тебя такие большие зубы?» То есть она начинает видеть, что это клипа.

Это постепенное проявление в человеке зла, которое выявить заранее невозможно. Это бина и малхут, цимцум бэт...

Потом еще добавили, что это как бы окружающий свет вспарывает Волку живот, и выходит оттуда бабушка, живая и невредимая.

А что с Волком?

Вот это вопрос, кстати. Что с Волком? Его же не съедают. Что с этой клипой, с этим эгоизмом? Вы намерены продолжить эту историю?

Можно, конечно. Что угодно можно взять из истории, потому что все это лишь внешнее облачение на внутренние процессы.

Любая самая несбыточная фантазия, казалось бы даже нереализуемая, если она возникла в сознании, имеет духовный корень, который ее объясняет.

Вы считаете, что можно и даже нужно делать такие разборы?

Этим я хочу вызвать обратное действие, чтобы духовные действия человек начал видеть в нашем мире. Я хочу, чтобы человек видел вокруг себя духовные силы, которые управляют всем, что происходит. И в этом могут помочь наши упражнения, когда ты видишь действия нашего мира и пытаешься найти их духовные корни, силы, которые ими руководят.

ВИДИШЬ? – АНГЕЛ

С другой стороны, Вы говорите, что настоящее можно объяснить, только постигнув духовный корень?

Мы можем усилить стремление к нему, стимулировать попытки найти, рассмотреть духовные силы за всеми событиями, которые происходят с нами.

Это важное упражнение?

Важно не это, а важно, когда желание к раскрытию духовных сил будет сочетаться с устремлением к связи между собой. Люди ощутят: вот это – инструмент, когда мы собираемся вместе, обнимаемся, все более внутренне соединяемся в намерениях, в мыслях, взаимной поддержке.

Им необходимо начать манипулировать своими чувствами, своей взаимной поддержкой, включая в себя других все больше и больше. И в соответствии с этим увидят, как в этом мире, на нашем уровне, происходят механические действия.

Это и есть раскрытие Творца, человек управляет Творцом. Это называется «победили Меня сыновья Мои».

Да. Это будет, будет!

Тогда давайте объяснять все сказки, чтобы в этой связи, в постоянном поиске потихоньку начинать видеть за ними вообще все управление.

У меня это началось после того, как однажды мы с моим учителем, с РАБАШем, возвращались с прогулки. Мы подъехали к его дому, там стоял мусорный бак с крышкой. Чтобы ее открыть, надо было наступить ногой, нажав на рычаг внизу.

Рядом с баком стояла лошадь, она была умная и, конечно, уже не первый раз пользовалась этим рычагом. Лошадь нажимала на него своим копытом, бак открывался, и она ела хлеб из бака. У нас пару раз в месяц были большие трапезы, мы выбрасывали в этот бак много съестного, и она ела оттуда.

Подъехали, выходим из машины. Я смотрю на эту картину: на фоне пасторальной природы, зеленые заросли, где-то вдали кладбище, апельсиновая роща. И РАБАШ говорит: «Ну, что, видишь? Ангел».

Ангел?

Да. Это у него автоматически происходит: он видит в животном проявление силы, которая руководит этим белковым телом.

Вот тогда я начал постепенно, начиная с этого состояния, немножко его расспрашивать.

Наступает очень серьезный, драматический момент в нашей главе.

/1/ И ВЗЯЛИ СЫНОВЬЯ ААРОНА, НАДАВ И АВИГУ, КАЖДЫЙ СВОЙ СОВОК, И ПОЛОЖИЛИ В НИХ ОГНЯ, И ВОЗЛОЖИЛИ НА НЕГО СМЕСЬ БЛАГОВОНИЙ, И ВОСКУРИЛИ ПРЕД БОГОМ ОГОНЬ ЧУЖДЫЙ, КАКОГО ОН НЕ ВЕЛЕЛ ИМ. /2/ И ВЫШЕЛ ОГОНЬ ОТ БОГА, И ПОЖРАЛ ИХ, И УМЕРЛИ ОНИ ПРЕД БОГОМ.

Вот продолжение того же золотого тельца.

/3/ И СКАЗАЛ МОШЕ ААРОНУ: «ВОТ О ЧЕМ ГОВОРИЛ БОГ: В ПРИБЛИЖАЮЩИХСЯ КО МНЕ БУДУ Я СВЯТ И ПЕРЕД ВСЕМ НАРОДОМ ПРОСЛАВЛЮСЬ».

Да, они берут огонь. Огонь – это свет хохма, *ор хохма*. Они пытаются его возвысить – *лекадеш*, освятить, поднять на следующий уровень. Но это сделать нельзя, они не в состоянии. И они допускают ту же ошибку, что Аарон. В принципе, эта ошибка необходима для раскрытия того слоя эгоизма, который пока еще таится во всем этом стане, во всем народе, в группе.

Как обычно, все раскрывается, якобы, через ошибки, проблемы. Так мы идем вперед.

Как только Аарон исправил свое прегрешение, то есть исправлен золотой телец, сейчас же раскрывается следующий уровень. Два его сына: Надав и Авигу – желают сделать еще больший подъем.

Глава «восьмой»

Это тот же Аарон – следующий его уровень, который называется «сыновья». Понятно, что они пытаются сблизиться, устремиться к сближению между всеми разбитыми душами. Они стремятся включить такие желания, над которыми еще не в состоянии проделать никакой духовной работы, то есть преодолеть желания своим устремлением к связи между собой.

Надо всегда очень четко измерять, до которого уровня ты можешь быть близок к человеку.

Вот, к примеру, мы с тобой друзья, встречаемся, можем пойти в кафе, поехать вместе на какую-то краткую экскурсию. А если бы я переехал домой к тебе или ты ко мне? Сразу возникают большие проблемы, вступают такие эгоистические свойства, с которыми мы, может быть, не справились бы. И вместо того, чтобы все более устремляться к связи с тобой, у меня возникли бы непреодолимые мысли, я бы думал, когда наконец-то он уйдет от меня или я от него. Ведь так?

В принципе, похоже.

Похоже. Все должно идти постепенно. Сыновья Аарона опережают свое время. Но если бы они этого не сделали, не раскрылось бы это зло.

Всегда есть какой-то подвох в жизни группы, людей, человека, каждого из нас. В наше время это, как правило, уже групповые проблемы, когда даются разбиения.

Но это не разбиение – это раскрытие зла, таящегося в нас, которое мы должны выявить, ощутить и ни в коем случае не скорбеть о нем. Мы должны радоваться и благодарить за его раскрытие. И далее начинать с ним работать, исправлять.

НЕ ПРЫГАТЬ ВЫШЕ ГОЛОВЫ

Что происходит? Они, неисправленные, как бы перескакивают ступень?

Любая ступень начинается с ночи: «И будет вечер, и будет утро – день один». Так что все начинается с раскрытия зла. Всегда! Любая новая ступень.

Что сделали Надав и Авигу, как только Аарон исправил свое прегрешение золотого тельца? Они сразу же раскрывают следующую ступень, потому что они – это тот же Аарон, только его следующая ступень – дети.

Я хочу понять этот важный момент, надо на нем еще немного остановиться. Что здесь произошло?

Захотели добавить еще большую связь в то, что сделал Моше с Аароном и с народом.

Поэтому говорится:

КАЖДЫЙ (взял) СВОЙ СОВОК, И ПОЛОЖИЛИ В НИХ ОГНЯ, И ВОЗЛОЖИЛИ НА НЕГО СМЕСЬ БЛАГОВОНИЙ, И ВОСКУРИЛИ ПРЕД БОГОМ ОГОНЬ ЧУЖДЫЙ, КАКОГО ОН НЕ ВЕЛЕЛ ИМ.

Да, это чересчур. Благовония – это высший свет, который поднимается снизу, от самой серьезной эгоистической низшей прослойки. Этого делать нельзя.

Они сразу бросились к этой прослойке вместо того, чтобы по слоям снимать?

Да. Надав и Авигу раскрыли огромное эгоистическое желание, а исправить его не смогли, и свет, который проявился на этом желании, просто закоротил себя на него.

ГЛАВА «ВОСЬМОЙ»

Поэтому они погибли.

Много раз в истории человечества воскуряли этот огонь и вызывали на себя проблемы.

Вызывали на себя другой огонь?

Да. Огонь сверху, который сжигал. Но это все необходимо.

Дети Аарона – следующий этап его развития. После него придет исправление, и благодаря ему свойство Аарон будет подниматься в человеке.

Это следующий шаг, и снова – ошибка для того, чтобы подняться? Необходима ночь, чтобы наступило утро?

Только через ошибки происходит подъем. Только через очередное раскрытие зла. Когда к нему идешь, ты считаешь, что сможешь его одолеть, и оно видится тебе абсолютно нужным, полезным, правильным.

Когда-то мы говорили, что в каждой революции есть ее романтическая стадия – первая часть, когда действительно есть устремление.

Пока не начинают пожирать своих детей?

Да. И это происходит везде и во всем.

Во всем. Постоянно идет связь корня с его ветвями в нашем мире, с различными приложениями, следствиями.

Можно ли избежать этой начальной ошибки?

Начиная с нашего времени – можно, потому что сейчас мы не должны раскрывать проблемы, они уже раскрыты. Мы, идя вверх, группируясь между собой, начнем их раскрывать. Но они будут раскрываться в нас не в действиях, не в войнах, не в проблемах – это все в прошлом, а только в нашем выявлении проблем. Между нами будут проблемы типа огня, ненависти, всевозможных расторжений, разрывов. Но это будет проходить быстро, буквально в течение минут.

Мы проскакиваем это?

Будем надеяться, что не проскочим так просто. Но оно проявится в нас, выявится, на этом мы должны научиться, впитать все в себя. Это будет быстро.

Глава «ЗАЧНЕТ»

ДУХОВНЫЙ ГЕН ЕСТЬ У КАЖДОГО ЧЕЛОВЕКА

Новая глава называется «Тазриа» – «Зачнет». Тут речь идет о рождении. О женщине. Сколько времени она будет чиста и нечиста при рождении мальчика и сколько – при рождении девочки. Об обрезании, о законах чистоты тела, о том, что значит появление язвы или проказы.

Я собрал несколько отрывков из Книги Зоар, которые объясняют эту главу.

«Если женщина зачнет и родит мальчика» – это женщина, Малхут, рождающая ду́ши. «И родит мальчика» – то есть не включены друг в друга мужское и женское начала, как заведено в мире, где ду́ши рождаются с мужским и женским началом. Ибо они, т.е. низшие в грехах своих, приводят Малхут к тому, что ду́ши не объединяются мужским и женским началами, подобно тому, как свыше исходят попарно мужское начало с женским. И потому сказано: «родит мальчика» – так как этому миру раскрыто лишь мужское начало, не включенное в женское.[4] Первый отрывок, который касается мужского и женского начала. В духовном мире все это связано?

Это находится в уже правильных состояниях: мужское и женское начало, свойство отдачи и свойство получения взаимно связаны между собой и дополняют друг друга. Они зачинают и рождают новую жизнь из своей связи – правой и левой линии, или из свойства получения и

---

4 Книга Зоар с комментариями Сулам. Сокращенное издание под редакцией М. Лайтмана. Глава Тазрия, п. 23. http://www.kabbalah.info/rus/content/view/frame/66454?/rus/content/view/full/66454&main

Глава «Зачнет»

свойства отдачи. Но это не одновременный процесс, исправление происходит попеременно. Поэтому женщина рожает и мужскую сторону, и женскую.

Женщина – высшая ступень, которая вбирает в себя решимот, то есть духовные гены, и развивает их в себе – таким образом рождается душа. Но душа рождается только при условии, что наше тело сопутствует всему этому процессу. Имеется в виду не физическое тело, а наши желания и намерения.

Вы сейчас говорите о духовном процессе?

О человеке в нашем мире. Как получается, что в нем рождается душа? В людях нашего мира души нет. Это я должен сказать всем категорически. Мы – абсолютные животные. Человеком называется душа.

В нас есть духовные гены, и мы можем способствовать их развитию, девятимесячному внутриутробному развитию внутри малхут. Поднимать туда наши желания, наши чаяния, делать всё для правильного развития духовных генов, чтобы в итоге, так называемого девятимесячного духовного периода, из них образовалась душа.

Речь не идет о девяти календарных месяцах. Это – девять последовательных процессов, которые прошли над ними.

Что мы должны делать для этого?

Мы должны существовать на животном уровне только по необходимости – в том виде, в котором история, общество и всё прочее заставляют нас функционировать. Всё остальное мы должны направлять выше этого, только ради развития духовного гена.

Духовный ген есть у каждого человека.

В отрывке из Книги Зоар говорится, что в духовном всё связано – мужское и женское начало. А в нашем мире всё разбито, разделено, рождается отдельно. Мы должны стремиться к тому, чтобы соединились эти начала? Чтобы вернуться к правильному состоянию?

Все духовные силы устремлены к тому, чтобы реализовать духовные гены каждого и создать из них один единый духовный организм, одну единую душу.

Там уже нет разделений ни на что. Там есть один, подобный Творцу!

Нет таких понятий, как женская душа, мужская душа?

Нет, есть полное дополнение.

СМЕРТЬ В НАШЕМ МИРЕ И В ДУХОВНОМ

Прочитаем другой отрывок из Книги Зоар.
91) «Проказа» означает «закрытие». Ибо Он закрывает высшие света и не открывает. А когда Он закрывает и не открывает, называется «язва».
Как сказано: «Язва проказы если будет на человеке». Именно «на человеке» – на зеир анпине… И отсюда опускается к нижнему человеку, который привел к этому, и перекрывает его свет, и выходит язва для всех от этого закрытия светов.[5]
Снова идет разделение.

---

5 Книга Зоар с комментариями «Сулам». Сокращенное издание под редакцией М. Лайтмана. Глава Тазрия, п. 91. http://www.kabbalah.info/rus/content/view/frame/66454?/rus/content/view/full/66454&main

Всё зависит от того, насколько мы можем поднять к зеир анпин свои правильные устремления, просьбы, молитвы о своем исправлении.

Когда мы собираемся вместе, то этим поднимаемся к малхут. Собравшись вместе в малхут, мы начинаем поднимать нашу просьбу к зеир анпин – это следующая ступень, более высокий парцуф, более высокая система. Подключаясь к этой системе, мы можем вызвать нисхождение высшего света на нас. Тут всё зависит от того, насколько правильно мы его вызываем.

Мы находимся внизу, в мирах нечистых сил БЕА, эгоистических сил, всё время эгоизм работает в нас, бурлит и дергает во все стороны. Получается, что в каждый момент времени мы рискуем прекратить нашу молитву о движении вверх и таким образом упасть.

Между малхут и зеир анпин возникают неуверенные, нечеткие, неточные контакты – и в этом виноваты мы. Здесь появляется проблема, что *убар* (зародыш) может перестать развиваться и случится выкидыш.

Что значит наш подъем к малхут и дальше из малхут в зеир анпин?

Наш подъем в малхут. Собираются, допустим, десять человек. Они увлечены духовным возвышением и считают, что жить надо действительно только ради этого. Они принимают на себя обязательства взаимного поручительства, быть друг с другом в поддержке, в связи. Они включаются друг в друга, работают друг с другом, помогают, вдохновляют друг друга величием цели.

Работая над величием цели, в то же время они ощущают свою собственную низменную природу относительно нее. Но они не занимаются унижением своей природы.

Они собираются вместе. Для них первое – это величие цели, соединение между собой в отдаче и любви, в подобие Творцу.

Когда выясняется своя собственная природа, делается ударение на то, чтобы нивелировать себя, сократить. Не подавить свою природу, а сократить ее использование.

Здесь идет очень тонкая работа: не презирать свою низменную природу, не убивать ее, ибо она нужна в качестве противодействия Высшей природе. На разнице, на напряжении, на противодействии между ними строится мощь души. В этом духовный мир не категоричен.

Он категоричен в другом: всё, что создано, имеет свой смысл и право на существование. Ни в коем случае не уничтожать даже самое, как кажется тебе, вредное.

Здесь возникает страшная проблема – как с этим работать? С одной стороны, ты готов уничтожить все плохое, чтобы таких свойств в мире не было.

С другой стороны, ты не можешь этого сделать, это свойство должно существовать, имеет право на существование. И в Торе это описано, даже написано: «Убей его». Тут не имеется в виду убей физически. «Убей его в себе», чтобы в тебе он не говорил, не жил как бы. Этот порок должен существовать, но в мертвом виде.

В нашем мире умереть – это значит исчезнуть. В духовном мире это – не исчезнуть, это означает быть вечно мертвым.

Это свойство как бы лишается права первенства?

Любые наши свойства, которые здесь описаны и на которые Тора указывает, что их надо аннулировать, необходимо не уничтожить, а сделать так, чтобы они не оставались активными.

Очень тонкая грань, надо ее соблюдать все время. Именно она отличает каббалу от всех других наук?

Да. Это диктует всю философию жизни. Поэтому кажется странным поведение каббалиста во многих случаях. Я помню, что не мог согласиться со своим Учителем: «Как это так, да я его сейчас!», – не знаю, что…

Нет, нельзя! Оставь! Пока не завянет настолько, что превратится из живого в неживое. Это неживое свойство обязано быть.

ЗАПАСИТЕСЬ БОЛЬШИМ ТЕРПЕНИЕМ!

Когда мы говорим: прийти к ненависти к своему эгоизму, начать ненавидеть его, – что это значит?

Ненавидеть – это значит отрешиться от его использования. Полностью! Но не умертвлять.

Ты не можешь ничего уничтожить – оно произведено! Оно возникает в тебе, а ты должен решить, пользуешься им или нет. Не пользуешься – значит, ты его умертвляешь. Больше ничего сделать ты не можешь.

Потом, в неожиданный момент, это свойство снова может вдруг проявиться в тебе.

Мы говорим сейчас о подъеме в малхут?

Подъем в малхут осуществляется связью между товарищами.

А подъем в зеир анпин?

Подъем в зеир анпин происходит, когда они уже связаны друг с другом, образуют малхут. Это подъем их общего желания как единого целого в зеир анпин. Зеир анпин – это Творец.

Подъем из малхут в зеир анпин значит, что они уподобляются Творцу, идут на соединение уже с Ним, как одно общее целое в своем объединении.

Подобие Творцу: поэтому говорится «Адам»? Домэ – подобный. Зеир анпин – это Адам?

Да, зеир анпин – это Творец.

Но образ Творца называется «Адам» относительно этой души, то есть тех людей, которые собрались вместе и образовали между собой единое целое, то, что называется душой.

Вы сейчас рассказываете, как было создано все творение? То же самое здесь: сначала создается мир из десяти человек – десяти желаний...

Десяти желаний. Тела не принимаем во внимание, это просто биологическое тело.

Желания становятся единым целым при взаимном включении друг в друга так, что между ними нет никакой разницы. Тогда единое желание поднимается выше в своей просьбе уподобиться Творцу. В своей просьбе стать человеком или стать сынами человека – *бнэй Адам*.

Последний отрывок из Книги Зоар, касающийся этой главы. Всегда тут берется цитата из Торы, а потом поясняется.

105) «Подобно преимуществу света от тьмы». Ибо польза свету приходит лишь из тьмы. Исправление белого – черное, ибо без черного не было бы постигнуто белое. А поскольку есть черное – возвышается белое и почитается. Пример сладкого и горького: человек не знает вкуса сладости, пока не отведает горечи. Что же делает вкус сладким? Отсюда ясно, что горечь. Ибо если вещи противоположны друг другу, то одна раскрывает другую. Так происходит между белым и черным, между светом и тьмою, между болезнью и здоровьем. Ибо если бы не было болезней в мире, то не было бы никакого понятия о здоровье.[6]

Это исходит из самого источника творения: Творец создал тьму, свет – это Он сам.

Для чего Он создавал тьму, как самое противоположное Себе, противное, жестокое, грязное?

Тьма олицетворяет собой отсутствие надежности, уверенности, страхи – все отрицательное, что мы испытываем. Жадность, гордость, презрение – всё! Как же мы можем понять, для чего это создано? Как понять, что это – необходимость?

Именно тьма необходима для того, чтобы постичь свет. Мы – творение, все свойства можем определять только на контрасте. Творец – это один свет. В Нем нет двух противоположных свойств, чтобы изучить, ощутить одно из другого и одно предпочесть другому.

Наше познание возможно только через существование противоположностей. Поэтому мы постоянно должны понимать, что не может быть одного свойства без другого. Поднимаясь вверх, неизбежно поднимаешься по правой и по левой линиям, идешь на двух ногах – противоположных свойствах, противоположных ощущениях.

---

[6] Книга Зоар с комментариями «Сулам». Сокращенное издание под редакцией М. Лайтмана. Глава Тазрия, п. 105. http://www.kabbalah.info/rus/content/view/frame/66454?/rus/content/view/full/66454&main

Чем больше света, тем, естественно, он ощущается на контрасте с еще большей тьмой. Так происходит постоянно и везде: во всех ощущениях, во всех мыслях, во всех решениях.

Человек заранее должен запастись большим терпением, пониманием, что возможно пережить все. Это не просто – я говорю откровенно.

Человек должен понимать, что духовный путь – действительно путь очищения от эгоизма.

Очищение от эгоизма – это внутренняя борьба. Только правильная поддержка окружения, его постоянное построение, укрепление способно держать человека. Сам же он – никто и ничто.

Когда собираются десять ничтожеств и знают, что они никто и ничто, но изо всех сил пытаются помочь друг другу, то нисходит на них высший свет. И они становятся богатырями.

ДЛЯ ЧЕГО ДАНО ТЕЛО

Интересна психология внутреннего движения: человек должен получать наслаждение в процессе его?

Это не мазохизм. Наслаждение идет от исправления себя.

Собираются десять слабых людей, изо всех сил пытаются помочь друг другу. Хотя нечем им помочь друг другу, но они все равно пытаются. И на них нисходит огромная высшая сила, потому что каждый борется со своим эгоизмом, чтобы помочь другому. Получается круговая порука, и между ними появляется высшая сила. Она связывает, укрепляет, поднимает на следующий уровень.

Глава «Зачнет»

Я слышал разные высказывания. Одни говорят: «Я приложу все усилия, и даже если не достигну в этой жизни, то хотя бы буду идти по правильному пути».
Другие высказываются конкретно: «В этой жизни я достигну духовного».

Что значит – в этой жизни? В этой жизни – значит, на этой ступени. То, что нами не ощущается и считается, что находится за пределами этой жизни, – тоже существование, только в другой области.

Допустим, сейчас я ощущаю свое существование через свое тело. Работая над собой, я привожу себя к состоянию, когда начинаю чувствовать какие-то дополнительные ощущения: в новых свойствах, желаниях, в новых отношениях, на уровень выше, на свойствах отдачи, связи с другими.

Эти свойства не имеют отношения к моему исконному желанию. Обратите внимание – не телу, а желанию. Поэтому я просто реализую себя на следующем уровне, строю из себя более высокое существо. Если я его выстроил, то желания на моем уровне постепенно трансформируются в более высокие желания.

Для чего дано тело, которое не имеет никакого отношения к желаниям? Мы могли бы быть в желаниях вне тела и реализовывать их внетелесно.

Это непросто представить себе.

Почему? Я не могу представить себе, что наслаждаюсь кофе без того, чтобы его приготовить, налить в чашку, влить в пищевод и ощущать там какое-то наслаждение? Это всё сенсоры, внешние сопутствующие элементы! Дело же не в напитке!

Можешь воткнуть мне электрод в мозг и воспроизвести те же самые ощущения. Можешь надеть мне каску с электродами – и не знаю, что я буду делать в моих представлениях. Где я буду находиться на самом деле?

Сейчас, даже без каски, тоже неизвестно, где мы. В нас входят всевозможные возбуждения, силы – на самом деле нами управляют они. Нам кажется, что мы находимся в этой студии, я двигаю, якобы, своими руками и говорю с тобой. А на самом деле это так?

На Вас надета каска?

Этого не существует! Материи, данной нам в ощущении, не существует.

Избавиться от этой иллюзии, приподняться над ней – первая задача. Тогда наши движения будут рациональными, а не глупыми, как у ребенка, который болтает ручками, ножками и не может ими управлять.

Тогда исчезает святость стакана кофе?

Ничего этого вообще не будет. Тогда ты работаешь напрямую с возбуждающими тебя силами и знаешь, как на них реагировать. Ты входишь с ними в двустороннюю связь и действительно видишь цель.

Психология простого человека, который начал свое духовное движение, пришел в группу...

Он уже не простой человек – он начал движение. Он уже отличается от других, которые запускаются автоматически.

Да, он уже хочет выяснить, его все время что-то подталкивает. Я должен раскрыть при этой жизни духовный

мир – это первая установка. Я обязан, я уложусь и буду жить только этим.

Что значит – эта жизнь? Твое существование в этом виде. Потом идет следующая ступень. Просто ты не видишь ни прошлую, ни будущую ступень. Тебе кажется: это – всё!

Есть вторая позиция – я очень хочу ее выяснить: «Даже если я на этой ступени не достигну, то, во всяком случае, я иду к этому». Человек себя как бы успокаивает...

И это тоже похвально. Бывают слабости у человека, когда он говорит: «Наверное, у меня нет сил. Это не для меня, это для очень сильных людей». Но в итоге каждый понимает, что нет более слабого, чем он сам, и нет более удачливого, чем он сам.

Вы можете раскрыть свои ощущения, когда Вы только начинали и уже в продвинутом состоянии?

Нет, когда я начинал, у меня была полная уверенность, что я порву все в клочья и достигну цели! Потом были, конечно, другие периоды. Не длительные, но были, и много раз я находился в полном отчаянии.

ЛИЧНОЕ ОЗЕРО И КУСОЧЕК ЛЕСА...

Как в таком состоянии человек не сворачивает с пути?

Я помню, мы ездили в Тверию с моим Учителем. Он ночью спал, а я выкуривал по пачке сигарет с 9 вечера до половины третьего утра, когда он вставал. Я сидел в темноте на террасе, глядя на озеро Кинерет, на звезды, слушал цикад и чувствовал, что я просто ни на что не способен и ничего со мной не произойдет.

Ужасные состояния! Абсолютно полная физическая, духовная и моральная слабость. Но это проходит по каждому человеку. Просто я тебе говорю, что от этого никуда не уйдешь, даже будучи с Учителем, даже будучи в группе. Но должно существовать рядом с тобой что-то, что тебя держит.

И что это?

Это – опора. Мы нуждаемся в ней. Она работает на тебя, ты работаешь на нее – так и помогаешь себе.

Скажите, пожалуйста, у Вас было желание бросить все?

Никогда! Нет.

В течение всего времени с РАБАШем?

Я помню, как меня возили в Канаде по разным местам, показывали: «Вот, купи здесь дом. К дому прилагается твое частное озеро и кусочек леса. Смотри, какое место. Ты можешь спокойно жить, тебе ничего не надо…».

Многие об этом мечтают, а Вам это пришло само.

Да, конечно, могло реализоваться спокойно. Но что бы я делал?

Возникали мысли: что бы я делал?

Нет. Но на минуту возникало желание согласиться с тем, что Творец просто подсовывает тебе нечто, что Он с тобой играет. Но это только лишь способ просто пережить момент. Допустим, я согласился. И что дальше? Другого – нет.

Уйти вообще с этого пути? Мне кажется, у меня такого не было никогда. Можно расслабиться, переждать, заняться какой-то будничной работой, что-то писать, обрабатывать.

Когда я чувствую, что у меня нет никаких сил, то беру какой-то источник: Бааль Сулама, РАБАШа – и начинаю их перерабатывать. Переписывать. Конечно, переписывать их бесполезно, но в это время ты перевариваешь их в себе. Это, я считаю, самая полезная работа.

Это один из советов?

Да.

ЖЕНСКОЕ ЖЕЛАНИЕ

Продолжим главу «Тазриа» – «Зачнет». Повторим ее начало:

/1/ И ГОВОРИЛ БОГ, ОБРАЩАЯСЬ К МОШЕ, ТАК: /2/ «СКАЖИ СЫНАМ ИЗРАИЛЯ ТАК: ЕСЛИ ЖЕНЩИНА ЗАЧНЕТ И РОДИТ СЫНА, ТО НЕЧИСТА ОНА БУДЕТ СЕМЬ ДНЕЙ, КАК ВО ДНИ ОТСТРАНЕНИЯ ЕЕ ПО ОБЫЧНОЙ БОЛЕЗНИ ЕЕ, БУДЕТ ОНА НЕЧИСТА».

Интересно, что глава называется «Тазриа», то есть «Посей», но сразу же говорится не о растениях, а о человеке. Что имеется в виду? Тора говорит только о душе, о том, как мы развиваем душу.

Человеком называется желание, которое мы можем исправить в подобие Творцу. Первоначально желание эгоистично – только для себя во всех его мыслях, чаяниях, побуждениях и действиях. Не может быть по-другому.

В исправленном состоянии желание полностью направлено на отдачу, на любовь к другому – на все, что вне себя.

Постоянно наши желания поднимаются в нас. Все время мы должны над ними работать: исправлять с помощью высшего света и относиться к другим в подобии Творцу. В этом заключается наше исправление. Тогда нам раскрывается Творец. Мы подобны Ему в мере нашего подобия.

ЕСЛИ ЖЕНЩИНА ЗАЧНЕТ... Что значит – зачала?

Наше желание – быть в отдаче и любви. Это желание называется женским, потому что из него развивается следующая ступень.

Вначале желание должно быть исследовано. Годится ли оно к продолжению своего правильного развития в подобии Творцу? Или из него может выйти неправильное развитие? Тогда лучше его вообще не развивать, оставить на том же уровне.

Надо увидеть, какими должны быть основы правильного развития в организме, то есть в исконном желании, чтобы его намерение повернулось на отдачу, на любовь.

Это называется, что она зачала?

Да. Есть начальное намерение. Это информационное данное – решимо, запись, духовный ген. Каким образом его развивать дальше, как понимать, что он правильно развивается – об этом говорится здесь.

Посей – имеется в виду: ты должен не просто так присутствовать, участвовать в процессе зачатия души. Ты должен понимать, каким образом она в тебе растет, из каких свойств формируется.

Далее: ЕСЛИ ЖЕНЩИНА ЗАЧНЕТ И РОДИТ СЫНА...

Сын – свойство отдачи, мощное свойство, которое работает на отдачу.

И дальше говорится: ТО НЕЧИСТА ОНА БУДЕТ СЕМЬ ДНЕЙ. Почему?

Свойства, которые в процессе рождения она не сможет обратить на отдачу и любовь, называются семь дней. От своей работы, от своего прошлого состояния она должна отдалиться на период семь дней. Но речь не идет о семи календарных днях – это семь сфирот.

Внутри нее что-то формируется на отдачу, а что-то – на отходы, грубо говоря?

Это не просто отходы. На этом этапе она еще не в состоянии использовать их на отдачу. На следующей ступени она возьмет и будет их использовать!

Может быть, вообще без отходов?

Какие животные называются кошерными? Которые отрыгивают и глотают, заново отрыгивают и глотают. Это принцип пригодности к духовному использованию своей природы.

Как вечный двигатель. Но сейчас я опущу нас на грешную землю: отходят воды, рождается ребенок, и там еще кровь остается и прочее...

Послед, так называемый, всё это плацента.

Это и есть то, что не сформировалось в ребенка?

Нет. Это особая система связи между высшим и низшим организмом, высшей и низшей ступенью. В нашем мире детское место, плацента (*шелия* – на иврите), извлекается из матери и выбрасывается или используется в медицинских целях.

В духовном мире это все переходит в более низкие системы, потому что отработало свое. Падает со своего уровня: все промежуточные системы между организмом матери и организмом плода, всё то, что сформировалось и действовало ради плода, из матери уходит. Опускается на более низкий уровень, потому что плоду этого уже не нужно. Там получает дополнительные желания, перерабатывает их, формирует новый духовный ген и снова поднимается.

КРУГОВОРОТ ОТХОДОВ В ПРИРОДЕ

Ничего не выбрасывается. Чистая экология!

Как может быть иначе? Если Творцом создано желание, которое полностью равно свету, но по свойству противоположно ему, то оба они должны полностью реализовать друг друга.

То есть существует полная переработка всего?!

Куда же это уйдет? Ничего никуда не исчезнет. Плацента используется на лекарства, например.

У нас это закапывается.

Это мы так делаем, закапываем.

На самом деле ничего не закапывается. О наших отходах, об отходах жизнедеятельности наших организмов сказано в каббале, и у Бааль Сулама написано в его тетради – в тетради, написанной от руки, даже не издано это ни в одной книге, по-моему.

Он пишет, какова природа отходов и каким образом это входит в кругооборот. Интересно, хотя и не просто. Все имеет свое место в общем кругообороте. Разного типа отходы жизнедеятельности: волосы, пот, слюна, слезы – образуют целую сферу вокруг организма.

Наш мир может превратиться в экологически чистый?

Наш мир не может. Только вместе с нашим внутренним исправлением он переживёт всевозможные преобразования и в соответствии с нашей внутренней чистотой станет чистым внешне.

Существует полное соответствие?

Да, внешний мир не может быть лучше, чем мы внутри. Чем дальше мы развиваемся, тем более эгоистичны, тем больше у нас отходов. Смотри, что делается вокруг!

Но! Я уверен, что как только мы начнем себя очищать, природа сама начнет очищаться.

Вы верите в самоочищение?

Я не верю – я знаю, что точно будет так, как только мы станем лучше внутри. Естественно, что мы станем и меньше загрязнять природу. Будем понимать, что надо и что нет.

Мы будем находиться между собой в состоянии, когда станем использовать природу только в необходимой мере, в рациональном виде. Тогда она начнет восстанавливаться. Все может вернуться к девственному состоянию.

Это очень трудно понять рациональному человеку.

От высшего света через уровень Адам мы проведем через себя правильные силы на животный, растительный и неживой уровень. И все исправится, поднимется до уровня совершенства, которого еще не было. Совершенства абсолютного! Мы даже не понимаем, что это такое, и наши далекие предки этого не испытывали, потому что уже они действовали эгоистически.

До того, как этот мир исчезнет из наших ощущений, мы должны довести его до совершеннейшего состояния! Пережить падение, начать подниматься вверх по параболе и достичь состояния, когда мы станем совершенны. Соответственно неживая, растительная и животная природа поднимаются вместе с нами. Они полностью зависят от нас и сами собой очищаются без всякого расчета.

Я могу только представить себе, как это. И говорится, что ягненок будет пастись вместе со львом, и маленький мальчик будет водить их. Это, конечно, аллегорически сказано, но и на самом деле так будет. Природа нашего мира изменится в соответствии с природой человека.

Как человеку принять эту формулу? Это можно объяснить?

Я не хочу расстраивать экологов. Пускай занимаются своими делами, устраивают конференции, тратят миллиарды долларов, думают, что это как-то сдержит загрязнение.

Ничего не поможет! Чем ниже опускается человеческое общество, тем хуже будет экология. И не просто экология – экология неживой, растительной и животной природы и всех вместе взаимосвязанных, естественно, с человеком. Скоро будем ходить в противогазах, на травку заранее класть бронежилеты и только потом приседать.

Рыбку, конечно, негде будет ловить. Игрушечных рыбок запустим в игрушечные искусственные пруды и будем ловить их там – устраивать конкурсы. Мне видится, что в будущем будем устраивать искусственные парки и леса под искусственной крышей. И всё у нас будет, в общем-то, искусственное. В Канаде я был в таком месте: минус 40 – на улице, а внутри – плюс 30, море и волны.

Все это ужасно, конечно! Но дано для того, чтобы впоследствии оценить величие свойства отдачи и любви, когда всё нами построенное обратится во зло. Насколько бы красиво, удобно мы не строили – это всё обратится в чистое зло.

Но пережить надо. Иначе ты не сможешь родить следующую ступень. Рождение происходит только после огромного разочарования, напряжения и желания выразить, родить из себя что-то другое, свою следующую ступень.

МЕНСТРУАЛЬНЫЙ ЦИКЛ – ЭТО СЕМЬ СФИРОТ

Дальше говорится:

...ТО НЕЧИСТА ОНА БУДЕТ СЕМЬ ДНЕЙ, КАК ВО ДНИ ОТСТРАНЕНИЯ ЕЕ ПО ОБЫЧНОЙ БОЛЕЗНИ ЕЕ, БУДЕТ ОНА НЕЧИСТА.
Сравнивается с обычной болезнью.

Менструальный цикл – это семь сфирот.

/3/ А В ДЕНЬ ВОСЬМОЙ ПУСТЬ ОБРЕЖУТ КРАЙНЮЮ ПЛОТЬ ЕГО.

На восьмой день ребенок полностью отключается от своей матери. И впереди – его дальнейшее существование.

Для существования в дальнейшем ему необходимо не пользоваться своей крайней плотью. Три самых тяжелых, самых эгоистических желания должны быть отвергнуты от него, нельзя ему ими воспользоваться. Сказано: «Обрежьте край сердца своего», – то есть своих желаний.

Мы не можем пользоваться самыми эгоистическими желаниями, только потом в конце исправления сможем использовать их все.

Вначале практически все человечество проходит исправление. Это желания: кетэр, хохма, бина, хэсэд, гвура, тифэрэт, нэцах, ход, есод. Есод – самая последняя сфира из нисходящих свыше светов. Свет входит в малхут (в желание). Малхут называется творением, то есть свет входит в творение, и его надо отрезать, обрезать, его надо сократить.

Когда говорится «на восьмой день» – это восемь сфирот до есода?

Да. Именно в нем делается сокращение, чтобы он провел на малхут не весь свет, который есть в нем. Это важно.

Мы с Вами говорили, что обрезание – это еще и связь?

Это – связь. Дается связь между всеми сфирот и малхут, поэтому называется союз – *брит*. Без обрезания есода, без ограничения есода, без его влияния на малхут связи быть не может. Есод ограничивает себя.

Обрезание – ты убираешь самые тяжелые желания, они называются *лев эвен* – каменное сердце, которое не может быть исправлено на отдачу и любовь. Всеми остальными желаниями ты пользуешься. Поэтому именно после обрезания человек считается *ехуди* (от слова *ихуд – связь*), то есть может соединяться с Творцом.

Почему этот обрезанный кусочек плоти бросают в песок?

Потому что ты не можешь его использовать. Он равноценен праху земному. Я не могу использовать его на отдачу. И все желания, которые являются самыми сильными, яростными, самыми ценными, сейчас я использовать не могу. Хотя они горят во мне, их ценность я нивелирую до праха земного.

Может наступить такое время, когда не будет обрезаться крайняя плоть?

В конце исправления! Будем кушать свинину, запивать молочком, свиной борщ со сметанкой. И никаких обрезаний.

Это исправление, которое делает Творец?

Да. Никаких запретов, никаких заповедей, потому что все заповеди – это частичные исправления свойства отдачи и любви. Если ты всё исправил, то во всех твоих желаниях нет никаких ограничений. Ты пользуешься всем, потому что на всё есть намерение отдачи.

Так и сказано (аллегорически), что в будущем свинья станет кошерным животным.

Дальше продолжаем:

/4/ И ТРИДЦАТЬ ТРИ ДНЯ ДОЛЖНА ОНА ОЧИЩАТЬСЯ ОТ КРОВЕЙ СВОИХ, НИ К ЧЕМУ СВЯЩЕННОМУ НЕ ПРИКАСАЯСЬ И В СВЯТИЛИЩЕ НЕ ВХОДЯ, ПОКА НЕ ИСПОЛНЯТСЯ ДНИ ОЧИЩЕНИЯ ЕЕ.

Это при рождении мальчика.

Что значит – очищение? Есть анализ своих желаний, намерений, после анализа идет осознание зла в них. Потом осознание правильного их использования. И далее уже – сортировка, отбор и отстранение от использования этих желаний. Они остаются внутри, против них ты ставишь барьеры. Ты должен заключить их в какие-то рамки. Это всё и есть 33 дня.

Откуда это происходит? Хэсэд, гвура, тифэрэт, нэцах – это 28 дней. Ход – еще пять дней. Получается 33-й день. Почему? Это считается так же, как 33 дня исчисления Омера (Лаг Ба-Омер). Должны пройти 33 дня, чтобы убедиться, что все высшие желания исправлены, потому что остальные исправятся уже сами. Это происходит точно так, как в Лаг Ба-Омер.

ЧИСТАЯ ФИЗИКА: ТАК РАБОТАЕТ ДУША

Это если рождается мальчик. Сейчас мы доберемся до девочек.

Девочка – срок очищения в два раза больше, потому что у нее есть и свойство отдачи, и свойство получения. Поэтому при рождении девочки женщина очищается 66 дней.

/5/ ЕСЛИ ЖЕ ОНА РОДИТ ДЕВОЧКУ, ТО НЕЧИСТА БУДЕТ ДВЕ НЕДЕЛИ, КАК ВО ВРЕМЯ СВОЕГО ОТСТРАНЕНИЯ, И ШЕСТЬДЕСЯТ ШЕСТЬ ДНЕЙ ДОЛЖНА ОНА ОЧИЩАТЬСЯ ОТ КРОВЕЙ СВОИХ.

Да. Семь и семь дней, потому что работают две системы. Мужчина – это свойство отдачи, женщина – получение ради отдачи, поэтому система двойная.

Все очень просто. Это чистая физика. Так работает душа.

ГЛАВА «ЗАЧНЕТ»

Еще один маленький отрывок:

/6/ КОГДА ЖЕ ИСПОЛНЯТСЯ ДНИ ОЧИЩЕНИЯ ЕЕ ЗА СЫНА ИЛИ ЗА ДОЧЬ, ПУСТЬ ПРИНЕСЕТ ОНА ГОДОВАЛОГО ЯГНЕНКА ВО ВСЕСОЖЖЕНИЕ И МОЛОДОГО ГОЛУБЯ И ГОРЛИЦУ В ГРЕХООЧИСТИТЕЛЬНУЮ ЖЕРТВУ КО ВХОДУ В ШАТЕР ОТКРОВЕНИЯ, К КОЭНУ. /7/ И ОН ПРИНЕСЕТ ЭТО В ЖЕРТВУ БОГУ И ИСКУПИТ ЕЕ. И СТАНЕТ ОНА ЧИСТА ОТ КРОВОТЕЧЕНИЯ ЕЕ. ЭТО ЗАКОН О РОДИВШЕЙ МАЛЬЧИКА ИЛИ ДЕВОЧКУ.

Жертвоприношением называется приближение к Творцу, когда ты можешь исправить себя тем, что берешь свои дополнительные желания, получаешь на них свет исправления и приближаешься. Это жертва, которую ты берешь в свои желания и приносишь их Творцу ради использования на отдачу.

После рождения своего нового духовного облика в виде человека ты должен выявить в себе дополнительные желания на более низком уровне, из которого родился человек. Ведь человек родился из животного организма. В этом животном организме еще остались такие свойства, которые можешь исправить на отдачу: ягненок, горлица и так далее. Это дополнительные исправления.

На уровне человека ты исправил себя, родил себя на следующую ступень, а оставшиеся отходы: не только животные, но еще и растительные, и неживые желания – приносятся коэну.

Коэн – это тот максимальный уровень, на котором ты себя исправляешь.

Тот уровень в человеке, которому приносят жертву?

Самый высокий уровень исправления в человеке.

Дальше говорится: И КОЭН ИСКУПИТ ЕЕ.

Самый высокий уровень – коэн принимает, берет в человеке желания животного вида: ягненка, горлицы, голубя. Он поднимает их к себе и исправляет. То есть убивает от животной жизни и поднимает до уровня, когда они используются человеком, но в переработанном виде.

Здесь уже существуют законы кашрута: как убивать и как обрабатывать, каким образом использовать в пищу, и кто может это есть, в какие часы и так далее. Но это всё – духовные, абсолютно не земные условия.

И ОНА СТАНЕТ ЧИСТА ОТ КРОВОТЕЧЕНИЯ ЕЕ.

Да, прекратится всё нисхождение неисправных желаний, которые не могут исправиться.

Нельзя исправить это желание – кровь, женское кровотечение?

Кровь нельзя исправить. Кровь – это самое нечистое, самое низкое! *Дам* (кровь) – от слова *домэм* (неживое). Исправить это желание нельзя. Надо ждать истечения крови и потом приступать к исправлению следующего уровня. Так что, есть чистая кровь и нечистая кровь.

БЕРЕМЕННАЯ ЖЕНЩИНА СВЕТИТСЯ РАЗНЫМИ СВЕТАМИ

Рождение сына – это рождение следующей ступени. Почему ступень, которая рождает сына, может родить еще сына и еще? Одна ступень родилась – сын. Почему женщине дается рождение еще сыновей?

Это уже не та же самая ступень. Женщина, в которой появляется зачатие следующего ребенка, даже в нашем мире, – это совсем другая женщина. Она перестраивается в зависимости от информационного гена, который в ней сейчас развивается! Она совсем не такая же.

Получается, следующую ступень рождает другая женщина?

Совершенно по-другому все происходит, она даже светится по-другому. По женщине, когда она беременна, видно, каким светом она светится.

Разные света?

Разные света. Ты не видел, как женщина светится чуть-чуть?

Вы мне сейчас миры открываете! Не видел, честно говоря. Когда Вы говорите: светится, – что это значит?

Первые несколько недель после зачатия, она светится изнутри. Непонятно, что в ней такого есть, а какое-то воодушевление, какой-то свет в ней работает. И каждый раз, с каждым ребенком светится по-другому.

Вы сейчас сказали, что каждый раз – это разная женщина?

Как бы разная женщина. Конечно. Она вся перестраивается относительно информационного гена, который сейчас в ней развивается.

А когда рождается двойня, два мальчика?

Двойня – нам придется вернуться к Яакову и Эйсаву.

Там один за другим шел, за пятку держался.
Они дополняют друг друга. Это другая система.

Как это связано с проказой и с язвами на теле человека, о которых здесь говорится?

/1/ И ГОВОРИЛ БОГ, ОБРАЩАЯСЬ К МОШЕ И ААРОНУ, ТАК: /2/ «ЧЕЛОВЕК, НА КОЖЕ ТЕЛА КОТОРОГО ПОЯВИТСЯ ОПУХОЛЬ, ИЛИ ЛИШАЙ, ИЛИ ПЯТНО, И ОБРАЗУЕТСЯ НА ИХ МЕСТЕ ЯЗВА, ПОХОЖАЯ НА ЯЗВУ ПРОКАЗЫ, ЧЕЛОВЕК ЭТОТ ДОЛЖЕН БЫТЬ ПРИВЕДЕН К ААРОНУ – КОЭНУ – ИЛИ К ОДНОМУ ИЗ ЕГО СЫНОВЕЙ, КОЭНОВ».

Выявление следующей ступени требует отторжения тех желаний, которые мы не можем исправить. Они выходят из нас в виде шлаков: язвы, проказы – всё, что изливается наружу. Есть, конечно, врачи, которые понимают, что всё, что изливается из тела человека, – это благо, это хорошо, должно излиться. Это знахари-врачи. А есть другие, которые замазывают и залечивают.

Тут говорится о коэне, а не враче.

Коэн – это врач! Потому что коэн – это самая высшая ступень.

КАК САЖАТЬ. КАК РОЖАТЬ

Название главы «Тазриа» есть разные переводы – «Зачнет», «Посей», «Зачать». Потому что здесь много вещей, которые нам кажутся абсолютно разными.

Но они не разные, просто говорят с разных уровней: растительного, животного, духовного. Каким образом сажать и выращивать, получать урожай. Как рожать.

Очень важно, что глава «Тазриа» не просто связана с человеком. Она вся говорит о человеке, о рождении, о коже человека, глава очень близка к нам.

Для рождения нового необходимо, в первую очередь, что-то собрать. Затем проанализировать, очистить от всевозможных ненужных вещей, которые могут вредить, быть помехой. Потом следует отсортировать их, нужное – абсорбировать, ненужное – выделить. После этого рождается новое состояние.

На этот счет в главе «Тазриа» дано очень много указаний, как и что делать.

Вы сейчас говорили об этом, как об урожае: посадить…

Да, как о сборе урожая. Внутри матери возникает то же самое. Рождение любого организма, его развитие происходит по абсолютно одинаковым правилам, только здесь речь идет о другом уровне – уровне животного организма. И затем то же самое повторяется на уровне нравственном, на уровне осознания.

В этой главе говорится о рождении мальчика или девочки, о чистоте или нечистоте родившей женщины. И еще речь идет о язвах, которые возникают на теле человека.

/1/ И ГОВОРИЛ БОГ, ОБРАЩАЯСЬ К МОШЕ И ААРОНУ, ТАК: /2/ «ЧЕЛОВЕК, НА КОЖЕ ТЕЛА КОТОРОГО ПОЯВИТСЯ ОПУХОЛЬ, ИЛИ ЛИШАЙ, ИЛИ ПЯТНО, И ОБРАЗУЕТСЯ НА ИХ МЕСТЕ ЯЗВА, ПОХОЖАЯ НА ЯЗВУ ПРОКАЗЫ, ЧЕЛОВЕК ЭТОТ ДОЛЖЕН БЫТЬ ПРИВЕДЕН

К ААРОНУ – КОЭНУ – ИЛИ К ОДНОМУ ИЗ ЕГО СЫНОВЕЙ, КОЭНОВ. /3/ И ОСМОТРИТ КОЭН ЯЗВУ НА КОЖЕ ТЕЛА, И ЕСЛИ ВОЛОСЫ НА ЯЗВЕ СТАЛИ БЕЛЫМИ, И РАСПОЛОЖЕНА ЯЗВА ГЛУБЖЕ КОЖИ ТЕЛА, ТО ЭТО ЯЗВА ПРОКАЗЫ. КОЭН, УВИДЕВ ЭТО, ПРИЗНАЕТ ТАКОГО ЧЕЛОВЕКА НЕЧИСТЫМ».

Приведет к коэну.

Коэн – это самый высший врач. Все болезни происходят от нарушения животных систем. Они нарушаются от того, что мы не можем поддерживать их в равновесии. Именно равновесие является залогом здоровья, правильного состояния, долговечности, благополучия на всех уровнях: моральном, материальном, физическом, нравственном, семейном, общественном, социальном и так далее.

У Вас на все один ответ – равновесие.

Абсолютно один и тот же ответ, конечно! Существует одна сила, и относительно нее мы должны работать в равновесии на всех наших уровнях.

Природа: неживая, растительная, животная – управляется инстинктивно этой же силой и поэтому находится с ней в равновесии. Человеческий уровень не находится в равновесии и тем самым, естественно, нарушает все остальные части природы.

Человек взаимодействует с ними не только физически, в контакте. Все уровни находятся в одной единой системе. И даже наши мысли, чувства, взаимоотношения влияют на экологию. Мы все – части интегральной системы.

Получается, что вне зависимости от нашего желания, мы ответственны за всю природу.

Каждый живущий?
Каждый из нас, и все мы вместе. В основном, все вместе. Несоответствие между нами вызывает несоответствие между нами и всей окружающей природой, в которой мы находимся, как в оболочке.

И самое главное несоответствие с той силой, которая управляет природой: неживой, растительной, животной. Она же управляет и нами, но с определенным допуском.

Управляющая сила дает человеку некоторую свободу, чтобы в ее рамках мы установили соответствие с природой, чтобы нашли формулу равновесия в каждом нашем состоянии. Тогда мы сможем уравновесить всю остальную природу и себя относительно нее.

Как только мы начинаем ощущать эту внешнюю силу в нас и между нами, сразу приходит понимание, что мы находимся на следующем уровне развития, называемом Адам. Слово *Адам* происходит от *домэ* – подобный, подобный единой силе – Творцу.

Когда Вы говорите о равновесии, то речь идет о равновесии в отношениях между людьми или каждого с природой?
Это одно и то же, потому что система интегральная. Все мы включены друг в друга во всех возможных вариациях с неживой, растительной, животной природой и между нами. Все настолько взаимосвязано, что представляет собой даже не систему линейных связей. Это огромная многослойная многоуровневая система. Нам не дано постичь ее.

Единственное, что мы можем, – работая с ней, стараться быть взаимосвязанными с ней интегрально, правильным образом, в соответствии с правилами Торы (*Тора* от слова *ораа* – инструкция).

Тора говорит: «Делай так». Когда я начинаю выполнять инструкцию, то вдруг чувствую, что эта система на меня влияет. Я воздействую на нее, она – на меня. В результате возникает взаимное соответствие между нами и Творцом.

В наших взаимоотношениях проявляется единство, ощущение вечности, совершенства, гармонии. Таким образом мы, уравнивая взаимоотношения между собой и окружающей природой, выявляем возможность для раскрытия того единства, которое называется Творец.

Вне нашей связи, вне этого образа силы Творца не существует. Поэтому говорится: «У Него нет облика», нет никакого изображения.

НЕ НАША МЕДИЦИНА, А ПРИРОДНАЯ

Если все мы соединены в интегральную систему, включены друг в друга, то может оказаться, что моя болезнь – не моя? То есть я болею болезнью кого-то, скажем, из Индонезии?

Абсолютно точно. Конечно, не твоя. И не известно, чья.

Более того, например, у тебя болит нога. Давай отключим ногу от головы. Ты не будешь чувствовать, что нога болит, даже если будут ее пилить и резать. Отключен центр ощущения боли, и ты не чувствуешь. Ведь все ощущается в голове, а не в других частях тела.

Никогда ни один человек не болеет за себя, он вообще от себя ничего не чувствует. Он ощущает только плохую связь между собой и всеми остальными.

Глава «ЗАЧНЕТ»

Тогда расскажите о коэне – о высшем враче. Люди идут не к кожнику, а к коэну. У меня язва – я иду к коэну.

А коэн смотрит: что нарушил, батюшка? Да, у тебя тут что-то не в порядке!

То есть он смотрит на нарушение равновесия?

Конечно! Это как аллопатия – не наша, а настоящая, природная медицина.

Природная, то есть замкнутая энергетически по своей мысли, по своей конструкции, по своему взаимоотношению, по течению всех сил. Замкнутая по внутренней связи со всем, что есть в теле человека. Вообще включает в себя весь космос. Так смотрит настоящий лекарь – коэн.

Коэн – высшая ступень развития человека, поэтому он может видеть все несоответствия, которые возникают внутри человека, то есть понять причину его проблем. Коэн может распознать, на каком уровне находится причина болезни и в чем заключается лечение.

Лечение – это, в первую очередь, выставить, изолировать его от остальных, потому что невозможно исправить его связь с остальным станом, с остальной группой людей. Он находится в слишком повёрженном, повреждённом состоянии. Его можно вылечить только в полном отрыве от людей.

Семь дней: хэсэд, гвура, тифэрэт, нэцах, ход, есод, малхут – период, в течение которого эта сила изолируется и исправляется экраном. И потом он может снова вернуться в правильное общение с другими. Устраняется самый корень настоящей болезни, и, в итоге, проходит все.

Таким образом и надо лечить абсолютно все, ничего другого нет. До мельчайших проблем. «Все от нервов», как говорится. Исправь взаимоотношения с людьми и увидишь, что все болезни исчезнут – абсолютно все! Мы видим, что так происходит на всех уровнях. Допустим, все виды рака, неврозы – что угодно.

Все повторяется на всех уровнях, только часть отражается на нервной системе, часть входит в систему кровообращения, лимфосистему и так далее, пока не разрушается весь организм.

Это отражение, копия внешних взаимоотношений. И даже наука уже подтверждает это.

Но это отменяет все современное врачевание?

И не надо его. Вся медицинская система уже давно думает и заботится не о людях, а только о себе. Страшно, что делается. Никто не думает о людях.

Проблема в чем? Мы знаем, как устроен мир. Человечество может полностью обеспечить себя всем – в 70-е годы оно достигло такого уровня. И люди вовремя остановились. Почему? Если все достигнуто, что дальше делать?

А что дальше? Надо подумать, для чего живем?

Да. Но чтобы люди не думали, не задавались вопросом: для чего живем, – надо создавать им новые проблемы. Живем для того, чтобы решать эти проблемы. А если мы их решим? Тогда возникнут вопросы действительно другие, и от этого будет плохо не только элите, но и всем людям. Поэтому надо дать им чем-то озаботиться. И все начало поворачиваться к созданию всевозможных мнимых потребностей.

Вопрос о здоровье не мнимый, куда же от него денешься?! Первоочередной, насущный вопрос. Вся медицина постепенно перестроилась на то, чтобы с помощью лекарств вылечивать определенный симптом и одновременно создавать новые проблемы. Люди заботятся о здоровье, есть на что деньги тратить, куда-то ездить лечиться и прочее.

ПОЛИЦЕЙСКИЕ И ВОРЫ

Этот сценарий был заложен? Люди вполне разумно просчитывали этот вариант?

Конечно. Разве мы не видим по телевидению рекламу абсолютно ненужных человеку вещей? Девяносто девять процентов. И даже один процент, который нужен, в общем-то, на поверку не нужен. Это нам только кажется, что нужны.

Мы привыкаем к рекламе, смотрим ее – мы подкормлены. Их идея уже обратилась для нас в некую генетическую потребность. И уже не можем без этого: «Что бы еще купить? Смотри, что можно сделать!»

Мы ощущаем потребность смотреть рекламу и пользоваться ею. Так человек привыкает к наркотику, к какому-то яду, и без него уже не может жить.

После аварии я лежал в больнице, видел разных людей и наблюдал за ними. Один человек во время обхода спрашивает врачей: «Ну, как дела?» – «Да все нормально». Он разговаривает с ними, как со своими. Почему? Он хвастался: «Я 12 операций перенес». Смотрите, какой я! Я ваш постоянный клиент! И подсознательно они к нему так и относятся: он – наш.

Пришло такое состояние, когда все друг друга кормят. Полицейские и воры – одни без других не могут. Полицейским надо раскрывать преступления; иногда они в сговоре с мафией прокручивают дела – этого надо продать, этого пока нет. Кого надо, забирают и выдают это за свои заслуги.

Весь мир давным-давно настроен так, что интересно наблюдать со стороны, как красиво работает эгоизм.

Если бы тот человек вдруг узнал, что он мог не делать 12 операций и не проходить весь этот процесс?

Но для этого надо не попадаться под медиа обработку. Ведь то, чем нас кормят, это все комплексно. То, что мы употребляем в пищу, то, как нас учат любить, рожать, воспитывать, строить, жить в этих ульях и общаться определенным образом, как лечиться и какие потреблять лекарства – всё устроено так, чтобы озаботить нас какими-то делами.

Сегодня ты развился до такого состояния, что вопрос о смысле жизни становится насущным. А если насущным, так надо отобрать у тебя свободное время до последней минуты. И ты работаешь больше часов, чем раньше. Некогда и негде спрашивать. Иначе возникнет вопрос: зачем? Это уже проблема.

Кто просчитывает этот сценарий? Неужели Он? Или наш эгоизм так ведет?

Медиа работают, конечно. Человека не допускают к управлению государством, даже самым маленьким, если он не понимает всей кухни. Это естественно.

Элиты не могут по-другому. Это не заговор против людей. Напротив, это даже во имя спасения людей. Иначе ничего не сделать с людьми. Несчастные, они лягут на койку и от депрессии не будут вставать. Останется только кишку им подвести, чтобы кормить через нос, – они и рот не смогут открыть.

Потому что их задавит вопрос – зачем жить?

Конечно, задавит этот вопрос, обязательно. Вопрос о смысле жизни – самый высокий. Если на него нет ответа, депрессия такая, что ничем не можешь ее накрыть. Ничего не сможешь сделать, у тебя не будет никаких наслаждений ни в пище, ни в сексе, ни в семье, ни в детях – ни в чем. Поэтому этот вопрос надо задавить.

Но здесь выходим мы и открыто задаем вопрос: а в чем смысл жизни? Действуем наоборот. Тут мы, конечно, играем на острие! С одной стороны. Но с другой – говорим красиво: давайте объединимся, будем любить друг друга, все хорошо.

От всех заморозков, от опустошенности каббала начинает постепенно возвращать человека к жизни.

Когда сценаристы, управляющие миром, согласятся на это?

Когда они сами изменятся. Ведь вся проблема в человеке, не только массы, но и сценаристы меняются. Они начнут понимать. Экологическое состояние не позволяет продолжать так жить. Мы видим, что происходит с нами.

Сотни, тысячи миллиардов долларов уходят на ликвидацию последствий экологических потрясений во всем мире.

Хотя уже есть возможности изменить экологию, но это чересчур опасно, грозит очень большой разбалансировкой всего земного шара. Есть ограничение со стороны природы.

Появятся проблемы с питанием. Можно использовать одну сою и из нее изготавливать любые продукты – это не проблема сегодня. Только на этом человек может жить, и все будет нормально.

Но есть экологическая проблема, не вырастишь столько. Природа не позволит, настолько земля нами отравлена, даже на уровне мыслей и чувств. Потом, когда элиты сами изменятся, они увидят, что надо переходить к совершенно новой парадигме: деньги исчезают – они не имеют цены.

Получается новая валюта, которая заключается в общении между людьми. Деньги сегодня – это метод общения между людьми: насколько у тебя больше – настолько у меня меньше. Каким образом мы можем удовлетворить друг друга?

Появятся другие монеты. Деньги на иврите *кесэф*, от слова – *кисуй*. *Кисуй* – это экран, с его помощью я покрываю разницу между нами. Как я это делаю? Появятся другие формы общения между людьми. Они будут востребованы, потому что общество меняется. Если бы менялась только окружающая обстановка, а мы оставались теми же куклами, то тогда нами играли бы бесконечно. Но поскольку все меняются, и элиты в том числе, то изменится парадигма. Они будут по-другому работать. Я считаю, что это все – дело ближайшего будущего.

И ЕЩЕ НАДО ПОПРОСИТЬ

Мы с Вами доживем до этого?

Я надеюсь увидеть хотя бы начало. Для этого я живу.

Мы ускоряем время нашими идеями. Это происходит автоматически, потому что мы являемся интегральной частью общества. Мы ускоряем общее развитие – и элит тоже.

Мы затронули тему, что мы не работаем впрямую с эгоизмом. То есть мы обманываем эгоизм. Мы с Вами читаем Тору, в ней все время идет разговор об обмане эгоизма.

Я бы не сказал, что это обман. Это его правильное применение. Он и сам ощущает себя изнутри, как ребенок, который говорит: «Из меня злость идет. Ничего не могу сделать».

Иногда в семье или еще где-то мы не можем сами справиться с эгоизмом. Но желательно ему самому вести себя по-другому. Тора дана для того, чтобы мы смогли «перелицевать» эгоизм, сделать ему другое лицо. В этом заключается вся идея.

Насколько высока эта штука, что все время говорим не о подавлении, а о перелицовке эгоизма?

Самое главное – ухватить идею. На это уходят годы, даже иногда десятилетия. Смотрю на своих учеников: прошло, допустим, 15 лет с некоторыми из них – и только сейчас они начинают улавливать идею.

РАБАШ мне рассказывал, как Бааль Сулам однажды был у своего учителя – рабби из Пурсова. Он к нему приезжал, когда искал направление, когда его раздирали внутренние вопросы. Учитель задержался, и Бааль Сулам ждал его в комнате. Вдруг он увидел на полке какую-то книжку, взял ее, открыл: «О! Написано!». Он нашел источник. Мы понимаем, что нет случайностей в мире.

Тут зашел его учитель и говорит: «Нет-нет, поставь, не лезь, как ты можешь брать без спроса?» Но Бааль Сулам уже знал, что это есть путь. Так он отыскал его. Речь идет о книге «Эц Хаим» АРИ.

РАБАШ сказал мне: «Но Бааль Сулам не знал, что ему понадобится 20 лет, прежде чем он начнет понимать, что там написано». И я тогда подумал: «20 лет! Ну, ладно, мне еще 30, значит, когда придёт понимание, будет 50».

Развитие идет, оно не может остановиться. Ты даже можешь в чем-то ускорить его, но при всем твоем желании необходимо время. Это находится в нашем мире, в мясе, в костях, в нервах – во всем. Инерция животной материи тянет, не дает тебе сделать скачок – это невозможно мгновенно.

Все каббалисты проходят такое развитие. Только особые личности, которые избраны для того, чтобы передать знания другим, быстрее продвигаются. Такие, как АРИ, хотя он тоже долго работал над собой.

МАРХУ, ученик АРИ, написал порядка 20 книг со слов АРИ, учась у него. Было ему, как и АРИ, лет 36-40. Но понимать то, что написал, он начал где-то к 70 годам.

Примерно в 70-летнем возрасте МАРХУ смог осознать, войти, найти себя в этом, реализовать. Реализовать не умственно, не слегка, а на самом деле, теперь уже не со слов АРИ, а из собственных раскрытий.

Успокаивает, что в любом случае на это уходит время?

Нет, не просто успокаивает. Это должно и успокаивать, и возбуждать человека.

Да, очень интересно мы говорим о жизни, которая заложена здесь, в этой инструкции – в Торе.

На самом деле, это все – абсолютное добро. Если проявляется какое-то зло, то надо понимать, для чего. Зло нужно для того, чтобы переделать, очистить, посадить в землю – и в результате ты мог бы прорасти. Ничего не сделаешь с таким порядком. Надо сеять.

Да, а очень хочется сопротивляться многому.

Не надо идти вместе с этим свойством. Не надо ассоциировать себя с ним. Надо выйти из него и наблюдать немножко со стороны. Тогда сможешь подставить себя под душ, который промоет, очистит и посодействует, чтобы тебя посадили в землю. И еще надо попросить.

Напомню, говорится:

/1/ И ГОВОРИЛ БОГ, ОБРАЩАЯСЬ К МОШЕ И ААРОНУ, ТАК: /2/ «ЧЕЛОВЕК, НА КОЖЕ ТЕЛА КОТОРОГО ПОЯВИТСЯ ОПУХОЛЬ, ИЛИ ЛИШАЙ, ИЛИ ПЯТНО, И ОБРАЗУЕТСЯ НА ИХ МЕСТЕ ЯЗВА, ПОХОЖАЯ НА ЯЗВУ ПРОКАЗЫ, ЧЕЛОВЕК ЭТОТ ДОЛЖЕН БЫТЬ ПРИВЕДЕН К ААРОНУ – КОЭНУ – ИЛИ К ОДНОМУ ИЗ ЕГО СЫНОВЕЙ, КОЭНОВ. /3/ И ОСМОТРИТ КОЭН ЯЗВУ НА КОЖЕ ТЕЛА, И ЕСЛИ ВОЛОСЫ НА ЯЗВЕ СТАЛИ БЕЛЫМИ, И РАСПОЛОЖЕНА ЯЗВА ГЛУБЖЕ КОЖИ ТЕЛА, ТО ЭТО ЯЗВА ПРОКАЗЫ. КОЭН, УВИДЕВ ЭТО, ПРИЗНАЕТ ТАКОГО ЧЕЛОВЕКА НЕЧИСТЫМ.

Мы говорим о коэне как о враче?

Коэн – врач, потому что является уровнем высшего света, света хохма. Человек должен привести себя к коэну, то есть подняться до уровня света хохма. Тогда он увидит в его эгоистическом желании такие изъяны, миазмы, которые находятся на уровне проказы, допустим.

Свет светит на его эгоизм, и видно, что он находится в миазмах, которые надо лечить, что-то с ними делать. Именно благодаря их исправлению, человек поднимается – это называется «становится здоровым».

Только на уровне коэна, когда на него светит свет, человек может определить, здоров он или нет.

На уровень хохмы поднимается человек и видит, что происходит с его эгоизмом.

...НА КОЖЕ ТЕЛА КОТОРОГО ПОЯВИТСЯ ОПУХОЛЬ, ИЛИ ЛИШАЙ, ИЛИ ПЯТНО, И ОБРАЗУЕТСЯ НА ИХ МЕСТЕ ЯЗВА...

Что такое кожа?

Кожа – это самый внешний уровень эгоизма, самый тяжелый. Знаешь, что кожные болезни никогда не вылечиваются? Кожа сама не болеет. Через кожу происходит отторжение всех шлаков организма. Ввиду своей общей силы самосохранения, поддержания внутреннего гомеостаза, организм пытается излить, вылить, выдавить из себя всё нечистое, все шлаки. Все уходит через кожу.

А если мы говорим об эгоизме?

Есть *моха* (мозг), *ацамот* (кости), *гидим* (жилы), *басар вэ ор* (мясо и кожа).

Кожа – это самый тяжелый для излечения орган. Вся наша кожа – это отдельно существующий орган тела.

Кожа – как бы самая неисправляемая?

Она неисправляемая, потому что через нее выходят шлаки от всех других более внутренних состояний.

Говорят – нервы. Какие нервы? У меня где-то покраснение, а мне объясняют: «Это у Вас нервы». Какое тут отношение одного к другому? Кожа страдает.

Что такое опухоль? Или лишай, пятно? И на месте их образуется язва?

Это проявление эгоизма в сторону его большего возрастания или, наоборот, убывания, когда он не полностью использует себя в правильном направлении. Переделка или недоделка в наших желаниях, когда нет экрана на большее или на меньшее.

Это все очень сложная система. Затем волосы – *сэарот* (от слова *соэр* – возбужденный, желающий воздействовать): человек негодует, что эгоистически желает достигнуть, постигнуть, раскрыть Творца и прочее. Эгоистически желает, поэтому его волосы обесцветились.

Здесь говорится: «…а если волосы на язве стали белыми, и расположена язва глубже кожи тела, то это язва проказы».

Еще раз – почему обесцветились волосы?

Эгоистические желания настолько большие, что они утратили все оттенки: к чему именно должны стремиться, что исправлять. Они опустились на уровень, когда просто эгоистически желают ради себя.

Что такое «язва расположена глубже кожи тела»?

Ниже, глубже уровня тела. В нашем мире кожа – это защитная оболочка организма. Тут она уже не может быть защитой. На этом уровне она перестала быть кожей, то есть внешним панцирем.

Я объясняю немного аллегорически. Если говорить каббалистически: есть моха, ацамот, гидин, басар и есть ор – самый последний авиют. Совсем другое дело. Если я исправляю кожу, то тогда действительно могу исправить все остальные симптомы.

Есть врачи, которые ставят диагноз человеку по глазу, по пульсу, например, как китайцы. Есть такие, которые раздевают человека и осматривают его кожу. Чувствуют, как она дышит, что от нее исходит, какой у нее запах и так далее. Это очень серьезная диагностика.

Тут говорится: «Человек этот должен быть приведен к коэну». Он не сам приходит, его приводят к коэну. Есть в этом какой-то глубокий смысл?

Человек на уровне, когда у него возможна проказа, сам к коэну не придет. Он находится в своем эгоизме уже настолько, что до коэна ему дела нет, у него отключается всякое побуждение к этому. Он варится в своем эгоизме. Он сам стал пищей для своего эгоизма.

И поэтому вся кожа, лицо – всё съедается? Когда-то я слышал, что в лепрозориях у людей нет ощущения болезни, что там очень высокая гордыня.

Все такие миазмы вызывают у человека одновременно какую-то гордость, потому что эгоизм хочет сам себя компенсировать. Мы видим это на всех уровнях везде: именно показать, что я особенный, выше других в чем-то. Это компенсация, которая на самом деле идет от недостатка, от внутреннего пораженчества.

Пораженчество настолько проявляет себя в человеке, что выворачивает его наизнанку, обращает чувство унижения в какую-то своеобразную гордость. Взять так называемые «парады гордости» – это всё исходит из того же самого. Нормальному человеку, если человек внутренне более-менее уравновешен, не надо доказывать что-то.

Мудрость сидит тихо и занимается постижением – ей не нужен шум.

КОСИЧКИ, ХВОСТИКИ, УЗЛЫ

Дальше:

/4/ А ЕСЛИ ПЯТНО БЕЛОЕ НА КОЖЕ ТЕЛА ЕГО, И ОНО НЕ ГЛУБЖЕ КОЖИ, И ВОЛОСЫ НА ПЯТНЕ НЕ СТАЛИ БЕЛЫМИ – УЕДИНИТ КОЭН ЧЕЛОВЕКА С ТАКИМ ПЯТНОМ НА СЕМЬ ДНЕЙ. /5/ И ОСМОТРИТ КОЭН В СЕДЬМОЙ ДЕНЬ, И ЕСЛИ ПЯТНО НЕ ИЗМЕНИЛО ВИДА И НЕ РАСПРОСТРАНИЛАСЬ ЯЗВА НА КОЖЕ – УЕДИНИТ КОЭН ТАКОГО ЧЕЛОВЕКА НА СЕМЬ ДНЕЙ ВТОРИЧНО. /6/ И ОСМОТРИТ ЕГО КОЭН В СЕДЬМОЙ ДЕНЬ ВТОРИЧНО, И ЕСЛИ ЯЗВА ПОТЕМНЕЛА И НЕ РАСПРОСТРАНИЛАСЬ ЯЗВА НА КОЖЕ, ТО КОЭН ПРИЗНАЕТ ТАКОГО ЧЕЛОВЕКА ЧИСТЫМ. ЭТО – ЛИШАЙ, И ПУСТЬ ОМОЕТ ЧЕЛОВЕК ЭТОТ ОДЕЖДЫ СВОИ И БУДЕТ ЧИСТ.

До этого мы говорили, что такое нечистый человек, а сейчас речь идет о чистом. Что значит – не глубже кожи?

Человек еще не начал переваривать эту кожу ради себя – самый последний эгоистический уровень. Значит, его эгоизм может иметь обратный ход, исправиться – как лишай.

И волосы не стали белыми. То есть он еще полностью не отдался эгоизму?

Волосы – это *сэарот* (от слова *соэр*), когда весь выход из кожи наружу – в излишестве, который кожа хочет отдать. Организм переваривает внутри себя все эгоистические уровни, исправляет их и таким образом растет и функционирует.

Все, что он не может обработать, выходит из него естественным образом в виде естественных отправлений – в духовном тоже есть аналогия этому. Самый последний эгоистический уровень соответствует в теле коже. Выход за самый последний эгоистический уровень в виде сверхжеланий и является волосяным покровом на уровне человека.

У человека волос меньше, чем у животных. Человек может больше переварить в себе, направить на отдачу и любовь, и поэтому волос у него меньше.

Когда появляются нормальные волосы, это необходимо для роста человека. Мы даже не представляем себе, что такое волосы. На нашем теле нет ни миллиметра, которое не было бы покрыто какими-то волосиками, или, по крайней мере, есть выходы для волос, хотя волос уже и нет. Бывают такие особые участки, но это исключение.

Сэарот (волосы) – в человеке возбуждаются огромные желания, которые должны разрешиться, то есть должны быть направлены в правильную сторону, в исправление, но пока еще не осуществились.

Если эти желания здоровые, они ниспадают с головы в виде *пэот* (пейсов), бороды и так далее, - этот волосяной покров правильно окутывает человека.

Женщины, наоборот, своими волосами завлекают мужчин, потому что в духовном женщина привлекает мужчину своими желаниями на отдачу, на духовную любовь.

Именно волосы являются как бы вышедшими из ее кожи?

Да. Мужчина может восполнить за счет женщины то, чего ему недостаточно. Женщина привлекает его тем, что он может взять ее желания, исправить и таким образом подняться.

Есть очень интересные соответствия, если понаблюдать, как изменяются прически по мере развития человечества. Были косички, хвостики, еще что-то: Древний Рим, Греция, Иудея, Восток.

Как укладывались и закрывались волосы?

Да, я как-то наблюдал, как укрывались волосы. Религиозная женщина полностью закрывает волосы – она не дает посторонним мужчинам своих желаний. Только своему мужу может открыть и то не полностью. Когда мужа нет, когда она не находится вместе с ним, то всё равно даже дома она в полном покрытии.

Всё это очень замкнутая система, но если дернул за какую-то ниточку, то разматывается целый клубок.

Выявление проказы – это выявление такого эгоизма, который невозможно исправить, его надо выставлять за стан и потом что-то с ним делать. Надо помогать ему всей общиной, но на расстоянии, чтобы не заразиться от него.

Что значит – эгоизм заразный? Здоровые люди могут заразиться от больных – от неправильного применения эгоизма в больном человеке, в другом человеке. Я заражаюсь от него вместо того, чтобы исправить, излечить свой.

Эгоизм достигает такого уровня, что от него любой может заразиться?

Мы видим, как это происходит. Повседневно медиа вбрасывает нам всякие затравки. Мы их схватываем как наживку и потом заражаем друг друга. Это распространяется, как вирус.

То есть практически сейчас мир поражен проказой? Реклама, подключение к ненужным вещам – это всё проказа?

Конечно! Медиа! Ничего не выходит без того, чтобы это всё регулировалось. Каждая газета принадлежит тому, кто ее купил. Кроме богача, она принадлежит какому-то политическому течению. Все богачи и политические течения находятся под надзором более высокого уровня.

Эта система действует как проказа и заражает собой весь мир?

Что значит – проказа? Это люди, которые, может быть, отчасти и понимают свою дурную миссию, но у них нет другого выхода. Они ничего не могут сделать.

РЕФОРМЫ ИЛИ РЕВОЛЮЦИИ

Тогда единственный вопрос. Хоть мы и говорим о том, что происходит внутри человека, – они излечимы или это всё-таки проказа?

Излечимо всё! В итоге всё приходит к полному исправлению, к полной гармонии. Мы говорим только о том, чтобы пойти мягким и быстрым путем. В нашем мире – проглотил таблетку и здоров. Так же и в духовном: вошел в нормальный коллектив, получил от товарищей процедуру и вышел здоровым, – вот что надо!

Проблема в том, чтобы все люди на Земле и особенно те, которые находятся наверху, осознали, что есть единственный путь, есть лекарство, то есть средство, правильная установка, как идти по верному пути.

Следование по неверному пути предполагает страдания для всех без исключения. И ничто на этом пути не избавит от страданий.

Постепенно внутри самих властных структур должно прийти осознание бесперспективности идеологии власти. И это уже происходит. В наше время все очень ускоряется, потому что находится, желаем мы того или нет, в замкнутом пространстве, в одной системе. То, что происходит с массами, в итоге, происходит и с верхами. Никуда не денешься! Проблема только в том, чтобы между ними существовало взаимное воздействие, влияние, равновесие.

В России царь Александр II собирался провести реформы, но не успел – его убили. В результате задуманные мягкие реформы осуществить не смогли, и пришли к такому состоянию, как революции, в которых погибли десятки миллионов людей.

Лучше продвигаться не драматическим путем, а более мягким и быстрым путем – осознанием! Ведь все, к чему мы должны прийти, – осознание пути, возможности развиваться в правильном направлении с выявлением собственной свободы воли.

Эта методика есть. Мы пишем и говорим о ней. Надо, чтобы постепенно она проходила все шире в мир, чтобы это все докатилось и до властных структур.

То есть нужна точка осознания в каждом человеке? Вы считаете, что осознание – это начало всего?

Больше ничего не надо. Я думаю, что постепенно это становиться более ясным. Пока еще невозможно и очень сложно говорить напрямую. И, кроме того, как реализовать? Допустим, говорят: «Всё. Мы готовы. Осознали».

Ваша надежда, в основном, на количество?
Моя надежда на количество и на качество преподавателей интегрального воспитания. Я надеюсь, что мы к этому идем, по крайней мере, задел уже есть.

Самое главное должно произойти здесь, в Израиле. Возможно, нам придется каким-то образом обращаться к верхам и убеждать их, что именно эта методика и должна быть истинным внутренним курсом в государстве и внутренней идеологией народа. Мы практически возвращаемся к нашим истокам.

Это не противоречит ни сионизму, ни социализму – ничему! Мы можем объединить все учения, течения, никто не сможет возразить против этого. Могут сказать: «У меня есть то же самое». Но посмотрим, насколько оно у тебя есть. Все, начиная от религиозных и кончая атеистами, говорят о взаимности, отдаче, связи, любви.

А где эта любовь? Что вы делаете для взаимной отдачи? У вас есть прописанная методика и ее реализация? В чем она – эта реализация? Мы не видим ее, несмотря на все ваши красивые обещания. Вы приходите к власти, у вас есть средства – и что дальше? В итоге, снова сами себя топите в этом болоте.

Мы должны показать методику в действии, чтобы люди увидели, что это не обещания, как у всех умеющих красиво говорить, которые после всего сказанного мгновенно начинают куда-то падать, съезжать со своего Олимпа.

Мы можем показать все в действии. Наше отличие от остальных в том, что мы показываем реализацию методики в конкретном месте: «Вот, что можно сделать. Вот наши показатели по сравнению с остальными». И есть, конечно, возможность сделать так по всей стране, надо поднимать людей к этому.

Самое главное – взять какой-то населенный пункт и показать результат твоей работы. Это не голословное выступление красивых парней, которые рвутся в президенты.

Вы верите в пример и логическое доказательство?

Я верю даже не в логическое доказательство, а в пример, который и послужит неопровержимым доказательством того, что можно сделать со страной. Тогда народ проголосует правильно, то есть идеологию исправления, объединения поставит выше всего остального. Это действительно нас исправит, объединит, обезопасит и поднимет на следующую ступень.

Мы обязаны стать светом для народов мира, то есть то же самое нести им. Как маленький город в Израиле будет примером для страны, так и страна должна стать примером для мира.

Вы очень точно указали, что проказа – это выплеск эгоизма, который заражает своим примером все вокруг. «И с ним нечего делать, его надо отдалить и прикрыть». И есть простые язвы – это просто эгоизм, который можно еще исправить, можно залечить.

Семь дней – это и есть интегральное воспитание.

ПАНДОРА И ЧЕРНОТА

В первой части главы «Зачнет» говорилось о рождении мальчика и девочки, о том, что такое чистое и нечистое состояние женщины.

Тора говорит обо всем, что случается в человеке в процессе поиска духовного источника жизни. Речь не идет о том, как пара рожает ребенка или как получают урожай из земли.

«Тазриа» можно перевести как «Сеяние». Женщина – земля, мужчина – олицетворение источника, семени. На разных уровнях говорится по-разному, но в принципе Тора говорит об одном и том же – только о человеке. Любое развитие человека на любом его уровне освещается в этой главе.

Дальше – для меня было открытием – выявление язвы на теле человека и определение: проказа это или нет. Вы сказали, что проказа – это вышедший наружу эгоизм, который невозможно исправить и который способен заразить?

Да. Поэтому его надо изолировать, купировать, чтобы с ним не соприкасаться до тех пор, пока у человека не появятся силы для его исправления.

Простая язва или проказа – это проверяет высший врач, которого зовут коэн?

Если ты духовно поднимаешься на уровень коэна, то только тогда можешь проверить у себя эти различия – правильные желания или нет.

Это непросто. Во-первых, ты должен быть объективным, то есть ты должен обладать свойствами сокращения, уметь подняться над собой. Ты уже начинаешь изучать себя, насколько объективно можешь приоткрыть свою суть.

Похоже на ящик Пандоры: открываешь свою суть и оттуда вылетают страшные желания, миазмы. Всё – жуткое! Все – очень низкое, противное! А бывает и нет. Случается, что они кажутся светлыми и правильными, но когда глубже копнешь, то видишь, что под всеми ними есть обязательно намерение в ущерб другим.

Суть – это всегда Пандора и всегда чернота? И обнаружить эту суть всегда удивительно и больно?

Да, но ощущение боли зависит от того, как ты это открываешь. Надо готовиться к тому, чтобы потом исследовать всё в радости. Почему нет, если это ведет тебя к светлому будущему?

Да, если это ведет к операции, которая освобождает тебя от всех болей.

В этой жизни мы платим много денег за то, чтобы нам правильно поставили диагноз.

Сначала главное – ощутить, что ты болен. Это проблема. Но ее решение зависит от того, куда устремлен человек. Если он входит в общество, которое на него влияет соответствующим образом, то начинает понимать, что с ним что-то не в порядке. Он начинает анализировать себя относительно цели, которая описана в каббалистических книгах. Тогда, конечно, и возникают первые ощущения: в чем я не прав, почему не живу в соответствии с высшим предназначением.

Я зачитаю дальше.

/4/ А ЕСЛИ ПЯТНО БЕЛОЕ НА КОЖЕ ТЕЛА ЕГО, И ОНО НЕ ГЛУБЖЕ КОЖИ, И ВОЛОСЫ НА ПЯТНЕ НЕ СТАЛИ БЕЛЫМИ – УЕДИНИТ КОЭН ЧЕЛОВЕКА С ТАКИМ ПЯТНОМ НА СЕМЬ ДНЕЙ. /5/ И ОСМОТРИТ КОЭН В СЕДЬМОЙ ДЕНЬ, И ЕСЛИ ПЯТНО НЕ ИЗМЕНИЛО ВИДА И НЕ РАСПРОСТРАНИЛАСЬ ЯЗВА НА КОЖЕ – УЕДИНИТ КОЭН ТАКОГО ЧЕЛОВЕКА НА СЕМЬ ДНЕЙ ВТОРИЧНО. /6/ И ОСМОТРИТ ЕГО КОЭН В СЕДЬМОЙ ДЕНЬ ВТОРИЧНО, И ЕСЛИ ЯЗВА ПОТЕМНЕЛА И НЕ РАСПРОСТРАНИЛАСЬ ЯЗВА НА КОЖЕ, ТО КОЭН ПРИЗНАЕТ ТАКОГО ЧЕЛОВЕКА ЧИСТЫМ. ЭТО – ЛИШАЙ, И ПУСТЬ ОМОЕТ ЧЕЛОВЕК ЭТОТ ОДЕЖДЫ СВОИ И БУДЕТ ЧИСТ.

Что значит – «одежды свои»? Есть тело, одеяния на теле, затем дом, двор и за пределами нашего двора существует весь окружающий мир – Вселенная. Всё это включается в наши желания.

Мы постигаем мир в наших желаниях. Не будь у меня желаний, я не видел бы того, что происходит. Есть в мире огромное количество объектов, сил, свойств, которые я не ощущаю, потому что в моих желаниях их нет.

Сегодня физики говорят: «Серая материя, темная материя», – а мы ее не видим, не ощущаем. Мы начинаем раскрывать, что есть что-то такое, потому что оно влияет на тяготение между планетами, между звездами. Это проявляется опосредованно, не явно само по себе. В наших органах чувств мы не ощущаем эти силы, объекты, а только следствия их воздействия.

Мы даже не знаем точно, что это может быть: объекты или просто силы. Наши желания еще не разработаны, не раскрыты полностью, как у ребенка. Что младенец понимает, что знает? Потом по мере роста его желания развиваются, он начинает видеть, понимать, ощущать.

Что такое воспитание? На самом деле воспитание заключается в расширении и углублении желаний. Ты начинаешь видеть, понимать, осознавать, как надо делать. Иначе всё будет восприниматься голословно: тебе что-то говорят – ты не понимаешь. Ты можешь говорить маленькому ребенку о том, чего он не понимает. И что? Он просто будет на тебя смотреть. В нем еще нет адекватных ощущений, определений.

ОГРОМНОЕ ПОЛЕ ЖЕЛАНИЙ

Вы сказали: углубление желаний. Что это такое?

В нас есть все желания до бесконечности! Мы даже не представляем себе, какие. Ты должен **в себе** развивать эти желания.

В себе, то есть в этом ребенке?

Да. И в соответствии с этим, будешь понимать, ощущать мир и видеть, каким образом тебе надо дальше изменять его. Ты будешь изменять мир.

Изменять мир – это значит изменять свои желания до тех пор, пока не ощутишь в них истинное мироздание. И затем всё мироздание сольется до одного белого света. И это всё произойдет в твоем желании.

Повторите, пожалуйста, еще раз! Что я должен изменять в своем желании? Как я углубляю его?

Существует очень простая методика выхода из себя, из своих маленьких желаний в большие, правильно сориентированные. Все они основаны на том, что ты выходишь из себя относительно других. Поэтому человек создан не один – внутри социума или маленькой группы, которая занимается развитием желаний в себе, их правильным анализом и исправлением.

В этой мере, взаимно помогая друг другу, помогая каждому выйти из себя в других, мы начинаем понимать, что другие – это не другие. Они просто кажутся мне другими для того, чтобы помочь мне развить себя.

Мне дана иллюзия, что я существую в огромном мире, в космосе – во всем. Специально мне дано видеть все снаружи, чтобы так я изучил себя внутри. Именно благодаря тому, что всё существует вокруг меня, я должен и могу изучить себя. Поэтому в методике прописано, каким образом настроить себя на правильное отношение к другим, чтобы слиться с ними.

Что значит – слиться? Соединиться с другими, то есть достичь любви. Любовь – это слияние, подобие, соединение – *двекут*, как мы это называем. Те желания, которые, якобы, существуют вне тебя, вдруг окажутся в тебе, и не будет никакого различия.

Ты достигаешь своего истинного состояния, когда все желания, которые находятся вокруг, чувственно, явно становятся твоими. Вся картина внешнего мира исчезает и ощущается тобой как огромное поле твоих желаний – больше ничего.

Таким образом я двигаюсь и помещаю всех в себя – всё больше и больше? Это и называется «одежда», «двор»?

Да. Почему написано, что надо исправить одеяния, промыть их? Это значит, светом хасадим исправить эти желания – одежды. Самые близкие к нам.

Коэн определяет, что этот человек чистый, что это – лишай?

Коэн определяет, что эта болезнь – не проказа. Желания находятся на такой стадии, что их можно вылечить – исправить на отдачу и любовь к другим. Для этого надо промыть желания и промыть одежды, тогда все будет нормально. Исправить желания светом хасадим.

Дважды коэн проверяет человека, дважды он уединяет его на семь дней.

И ЕСЛИ ЯЗВА ПОТЕМНЕЛА И НЕ РАСПРОСТРАНИЛАСЬ ЯЗВА НА КОЖЕ, ТО КОЭН ПРИЗНАЕТ ТАКОГО ЧЕЛОВЕКА ЧИСТЫМ.

Что такое двойное отдаление от общества?

Очень просто. Мы исправляем себя в обществе. Если мои желания правильные для общества, то я существую в нем. Если вдруг проявились во мне какие-то эгоистические побуждения, надо проверить, каковы они: могу я их исправить или нет. Если да, то я их исправляю сам. В Торе написано достаточно по этому поводу: каждый раз за ошибками следуют их исправления.

Если же появилась особая форма эгоистического проявления человека, то тогда надо его отдалить от общества. Во-первых, потому что он может испортить общество, он «сверлит дырку в лодке». Во-вторых, если в течение семи дней он остается в свойствах, в общем-то, правильных по отношению к обществу, но его язва еще не исправлена, тогда пусть промоет свои одежды, еще исправит себя и вернется в общество. И оно вместе с ним исправит эту проблему – маленький эгоизм.

Если эгоизм такого свойства, что, будучи отстраненным от общества, он не в состоянии держать себя – проявится проказа, то тогда уже надо серьезно его отдалять. Человек в этом желании не способен себя исправить, правильно взаимодействовать с обществом.

Почему потемнение язвы является признаком, что это чистое состояние?

На протяжении семи дней он не находится под воздействием общества, под воздействием света. Тора говорит аллегорическим языком, ведь в духовном мире нет слов, нет букв, нет выражений.

ОТМЫВАНИЕ ЧЕРНЫХ ДЕНЕГ

Дальше о нечистой язве:

/9/ ЕСЛИ ЯЗВА ПРОКАЗЫ БУДЕТ НА ЧЕЛОВЕКЕ, ЕГО НАДО ПРИВЕСТИ К КОЭНУ. /10/ И УВИДИТ КОЭН, ЧТО ВОТ ОПУХОЛЬ БЕЛАЯ НА КОЖЕ, И ВОЛОСЫ НА НЕЙ СТАЛИ БЕЛЫМИ ИЛИ НАРОСТ ЖИВОГО МЯСА НА ОПУХОЛИ: /11/ ТО ЭТО – ПРОКАЗА ЗАСТАРЕЛАЯ НА КОЖЕ ТЕЛА ЕГО. И ПРИЗНАЕТ КОЭН ТАКОГО ЧЕЛОВЕКА НЕЧИСТЫМ, И НЕ БУДЕТ УЕДИНЯТЬ ЕГО, ИБО ОН НЕЧИСТ.

Побеление проказы: «и волосы на ней стали белыми»?

Это уже проблема. Требует длительной серии исправлений. На иврите это называется *альбана* (побеление), *ильбину сэарот* (побеление волос). Есть выражение на иврите *альбана тхон* – дословно по-русски отбеливание имущества, или отмывание денег. Человек отмывает свои черные деньги, которые заработал.

Альбана (побеление) – это уже сложно: надо как бы заново их увидеть и исправить в них черноту.

Если не видится чернота, то есть все воспринимается белым, то и нечего разговаривать с этим человеком? Если он не чувствует, что есть в нем эта Пандора, то не о чем говорить?

Да, он находится на такой стадии, когда действительно перестает чувствовать. Это уже проказа.

Есть три основные проблемы физиологии человека: psora, syphilis, sycosis – это серьезные миазмы, следствия которых мы ощущаем и в нашей обычной жизни.

Дальше:

/12/ ЕСЛИ ЖЕ РАСЦВЕТЕТ ПРОКАЗА НА КОЖЕ И ПОКРОЕТ ЯЗВА ПРОКАЗЫ ВСЮ КОЖУ ЧЕЛОВЕКА С ГОЛОВЫ ДО НОГ, СКОЛЬКО МОГУТ ВИДЕТЬ ГЛАЗА КОЭНА, /13/ И ЕСЛИ УВИДИТ КОЭН…

С высоты его постижения – уровня хохма.

/13/ И ЕСЛИ УВИДИТ КОЭН, ЧТО ПОКРЫЛА ПРОКАЗА ВСЕ ТЕЛО ЧЕЛОВЕКА, ТО ПРИЗНАЕТ ОН ЯЗВУ ЧИСТОЙ: ЕСЛИ ПРЕВРАТИЛАСЬ ВСЯ В БЕЛУЮ, ОНА ЧИСТА. /14/ НО КАК ТОЛЬКО ПОКАЖЕТСЯ НА ТЕЛЕ ЖИВОЕ МЯСО – ЧЕЛОВЕК НЕЧИСТ.

Проказа все покрыла!

Потому что идет процесс самоанализа. Человек, поднявшийся на уровень коэна, ощущает себя полностью прокаженным. Если это затрагивает только пласт эгоизма, то его можно исправить. Он, таким образом, будет изолирован от всех остальных.

Если покажется мясо под кожей, то есть следующий уровень эгоизма, тогда всё – уже проблема. Это входит внутрь, затрагивает более внутренние слои эгоизма и на данном этапе неизлечимо.

Вот что интересно! Человек, с одной стороны, достигает уровня коэн. И, с другой, именно благодаря тому, что находится на таком уровне, обнаруживает в себе эти проблемы.

Как же он достиг уровня коэна, если в нем есть такие проблемы?

Они не были видны. Эгоизм раскрывается постепенно. Именно на уровне коэна проказа и проявляется. До этого все это скрыто, ты – чистенький.

Один раз говорилось об этом, когда Моше спрятал руку за пазуху, как Творец ему сказал. И вытащил руку, а она покрыта проказой.

Да-да. Руки – это наше желание получать. Чем дальше мы развиваемся, тем большие желания нам открываются. Внутри мы наполнены червями, но никто этого не видит – снаружи всё красиво, нормально.

Но до коэна существуют еще стадии? Не обязательно подняться до уровня коэна, чтобы увидеть?

Да, исраэль, леви, потом коэн. Поднявшись до уровня «исраэль», ты что-то видишь. Соответственно – на уровне «леви». И все миазмы проявляются на уровне «коэн».

КАК НА РЕНТГЕНЕ

/18/ И ЕСЛИ У КОГО-ЛИБО НА КОЖЕ БЫЛО ВОСПАЛЕНИЕ И ЗАЖИЛО, /19/ И ПОЯВИЛАСЬ НА МЕСТЕ ВОСПАЛЕНИЯ БЕЛАЯ ОПУХОЛЬ ИЛИ КРАСНОВАТО-БЕЛОЕ ПЯТНО, ТО ЭТО ДОЛЖНО БЫТЬ ОСМОТРЕНО КОЭНОМ.

/20/ И КОГДА УВИДИТ КОЭН, ЧТО ПЯТНО ЭТО НА ВИД НИЖЕ КОЖИ, И ВОЛОСЫ НА НЕМ СТАЛИ БЕЛЫМИ, ОБЪЯВИТ КОЭН ЕГО НЕЧИСТЫМ, ЭТО ЯЗВА ПРОКАЗЫ.

Снова проходит на более низкий уровень желаний. Поражает следующий уровень, ниже кожи.

Белое, красное – это свет хохма, свет хасадим, то есть правая и левая линии, которая необходима для выявления сути этого желания.

...И ВОЛОСЫ НА НЕМ СТАЛИ БЕЛЫМИ, ОБЪЯВИТ КОЭН ЕГО НЕЧИСТЫМ, ЭТО ЯЗВА ПРОКАЗЫ, РАСЦВЕТШАЯ НА ВОСПАЛЕНИИ. /21/ ЕСЛИ ЖЕ ОСМОТРИТ ПЯТНО КОЭН, И ВОТ НЕТ НА НЕМ БЕЛЫХ ВОЛОС, И РАСПОЛОЖЕНО ОНО ВРОВЕНЬ С КОЖЕЙ И ПОТЕМНЕЛО, ТО ПУСТЬ УЕДИНИТ КОЭН ЭТОГО ЧЕЛОВЕКА НА СЕМЬ ДНЕЙ.

Здесь повторяется то, о чем мы говорили. Но с каким-то маленьким новым «завитком».

В Торе вообще много повторений, потому что все ступени – десять сфирот – подобны друг другу, только находятся на разных уровнях. Поэтому язык все время как бы меняется, но суть проблемы остается одна – эгоизм. И решение ее тоже одно: когда ты точно определяешь, что неисправно в эгоизме, ты просишь и получаешь сверху соответствующую силу. Тогда и исправляется это в тебе.

Держать эту просьбу, читая и продумывая жизнь, соединяясь с кем-нибудь, встречаясь, – держать все время! В кино это называется основная сцена. Держать только одно – это и есть намерение по большому счету?

Да. Но это не основная, а единственная, по сути, сцена, больше ничего и нет. Она меняется, потому что, переходя из одного желания в другое, ты проходишь разные стадии.

Когда в тебе появляется желание, ты падаешь в эгоистических использованиях, потом начинаешь осознавать, желать их исправить, ищешь, как будто никогда ничего перед этим не было. Снова находишь группу, снова в соответствии с правильным окружением начинаешь себя исправлять. Каждый раз практически одно и то же.

То есть человек ощущает, что это уже проходил когда-то?

Но все равно на новом уровне это совершенно по-другому воспринимается, хотя проходим одно и то же.

В школе, допустим, мы учили географию или историю – из года в год повторялось практически одно и то же. Но я видел, насколько глубже изучается, допустим, география. История – не очень, это была исковерканная история советской власти. А география – сначала обычное деление на страны или континенты. Потом глубже – физическая география, природа, население, промышленность – где, почему так и не иначе. С каждым годом шло углубление материала, хотя он один и тот же. Так и здесь.

/18/ И ЕСЛИ У КОГО-ЛИБО НА КОЖЕ БЫЛО ВОСПАЛЕНИЕ И ЗАЖИЛО…

ГЛАВА «ЗАЧНЕТ»

/24/ И ЕСЛИ У КОГО-ЛИБО НА КОЖЕ ТЕЛА БУДЕТ ОЖОГ, А НА ЗАЖИВШЕМ ОЖОГЕ ПОЯВИТСЯ ПЯТНО…

Эти изменения: было и зажило; если есть ожог?

Нет полного исправления, есть эгоистическое повреждение. Человек ведет себя правильно, хорошо, нормально, но он не может быть полноценным членом общества, которое работает только на отдачу.

Тора говорит о том, как мы постепенно исправляем сообщество, приведя всех к взаимной полной отдаче и любви, в которой затем раскрывается Творец.

Кожа должна быть чистая? Мы исходим из этого?

Все слои желания должны быть чистыми, а кожа тем более, потому что это самая верхняя часть, самая противная часть для исправления. Вот почему кожные болезни не излечиваются и в нашем мире.

Костный мозг, кости, жилы, мясо и кожа – эти пять частей эгоизма идут изнутри наружу, они должны исправляться.

Так на каждом уровне ты видишь, как на рентгене, всё лучше и лучше, и лучше.

У ЖИВОТНЫХ – МОРДЫ, А У ЧЕЛОВЕКА – ЛИЦО

То, что видно, исправляется тяжелее всего. То, что внутри, не вызывает у меня ощущения неудобства.

Внутренние системы более или менее поддаются влиянию. Они находятся в большем взаимодействии друг с другом, быстрее обнаруживаются, легче исправляются. Дело в том, что все свои шлаки они выводят наружу, и на коже видно всё. Если врачи точно и хорошо разбирались бы в коже, то только по состоянию кожи они могли бы определить всё, что у нас происходит внутри.

Даже в общении мне неудобно, я не могу здороваться за руку, если у меня на руке есть что-то. В этом есть что-то очень глубокое?

Да. Именно этой внешней частью эгоизма ты и общаешься. Более внутренние пласты скрыты от посторонних.

Да, совершенно верно. Дальше есть маленькое изменение:

/29/ ЕСЛИ У МУЖЧИНЫ ИЛИ ЖЕНЩИНЫ БУДЕТ ЯЗВА НА ГОЛОВЕ ИЛИ НА ПОДБОРОДКЕ, /30/ И ОСМОТРИТ КОЭН ЯЗВУ, И ЕСЛИ НАХОДИТСЯ ОНА НИЖЕ КОЖИ И НА НЕЙ ТОНКИЕ ЖЕЛТЫЕ ВОЛОСЫ, ТО КОЭН ПРИЗНАЕТ ЯЗВУ НЕЧИСТОЙ, ЭТО СТРУП, ПРОКАЗА НА ГОЛОВЕ ИЛИ НА ПОДБОРОДКЕ.

Вдруг отдельно сказано в отношении головы: голова, подбородок, желтые волосы.

Это уже высший пилотаж. Голова, головная часть парцуфа – это мысли, желания, все его действия на отдачу. Если у тебя нет действий на отдачу, то у тебя нет головы! У животных голова и туловище на одном уровне. Если ты действуешь на отдачу, у тебя голова выше тела, в таком случае ты – человек.

Тут говорится о том, что поражена голова?

ГЛАВА «ЗАЧНЕТ»

Да. На голове существует 13 групп волос – *юд гимель тикуней дикна*, так называемые. Затем наше лицо – почему мы «собраны» именно таким образом: уши, глаза, подбородок, нос. Откуда это появилось? Как будто из ничего возникает что-то новое и именно в таком виде. Почему у животных морды? А у человека лицо?

Уши животных расположены над головой. Для них уши – более высокая ступень потому, что они не соображают, не отдают себе отчета. Когда твое свойство поднимается до уровня бины, то ты становишься животным: ничего не хочешь, милосердие (*хафец хэсэд*) только в том состоянии, в котором существуешь.

Когда с желаниями получения ты работаешь на отдачу, тогда у тебя мозг становится выше ушей, то есть разум осознания и, самое главное, решение проблем, – все направлено на отдачу.

В нашей книге «Учение о Десяти Сфирот» (шеститомник Бааль Сулама) написано, каким образом формируются черты человека, откуда у него лоб, освобожденный от волос, брови, глаза.

Вы сказали: все, что касается головы - это высший пилотаж, потому что голова – это мысли, и есть тринадцать ступеней исправления.

Человек создан силами, которые находятся в комбинации между собой. Это силы отдачи и силы получения. Их взаимодействие, сочетание, комбинаторика дает нам образы неживой, растительной, животной природы и человека. Создает наружные и внутренние свойства.

Чем силы мощнее, эгоистичнее, более высокочастотные, тем больше содержится в них информации, тем большая возможность взаимодействия. В соответствии с этим получается огромное количество новых явлений. Смотри, как мир, открывший компьютеры, кибернетику, может полностью переселиться в другую реальность.

Может быть так, что мы сможем практически все создавать из элементарных кирпичиков – из атомов – синтезировать любые продукты, всё, что хочешь. Если мы захотим правильно это делать, то нам даже не надо будет добывать это с помощью природы.

Насколько мы сможем подобраться к истокам, настолько сочетание всего лишь плюса и минуса, электрона и позитрона, то есть отрицательной и положительной частичек, даст нам возможность строить что угодно. Мы не говорим о том, как будем строить из этого наши мысли – это другое дело. Но кроме наших мыслей, кроме человека в нас, все остальное сможем сделать.

Все материальные микроэлементы являются следствием двух сил природы, отрицательной и положительной, – ничего другого в ней нет. Всё построено на правильном сочетании положительной и отрицательной силы, одна поддерживает другую, проявляет другую во взаимном воздействии. Таким образом создано тело человека, его внешний облик, а также внешний облик и свойства всего остального.

ГОЛОВА – ЭТО НАШ МИКРОПРОЦЕССОР

В «Учении Десяти Сфирот» есть тринадцатая часть, которая называется «Тринадцать частей исправления волос».

Волосяной покров – не просто покров. У животных – это шерсть, у рыб – чешуя. В общем, как правило, есть внутренние силы, которые из нашего тела выходят наружу и формируются снаружи в виде волос или открытых участков, свободных от волос. Таким образом сформировано тело человека, особенно наше лицо.

Это зависит от выхода света хохма – света познания, знания, раскрытия – или света хасадим, света исправления, даже света скрытия, допустим. Их взаимное сочетание, раскрытие и скрытие, строит нашу физиономию и определяет, где растут волосы.

Почему именно таким образом расположен волосяной покров на голове? Почему у женщин нет волос на лице? А у мужчин есть: бакенбарды, усы, раздвоение усов? Затем это все переходит в бороду, нижняя часть бороды, верхняя часть бороды.

Все эти свойства являются следствием взаимодействия двух сил. Очень важно их сочетание, потому что голова является местом решения проблем. Это наш микропроцессор.

В Торе рассказывается об этих двух силах, в каких взаимодействиях между собой они работают, в виде каких проблем, которые в Торе описываются, как проблемы с волосами, затем – облысение. Почему женщины должны скрывать свои волосы, а мужчины не стричь бороду? Хотя волосы на голове мужчинам можно стричь. Здесь все эти обычаи описаны очень четко.

Так почему у мужчины растет борода, усы, а у женщины нет?

Потому что мужчина производит исправление. Волосы – на иврите *сэарот*, от слова *соэр* – возбужденный, желающий действовать, воздействовать. В мужчине это свойство проявляется в его движении вперед, в раскрытии, в познании, в постижении. Женщины более статичны. Мы видим проявления этого и в нашем мире.

Поэтому волосяной покров вверху есть у мужчин и у женщин, а стекающий вниз – только у мужчин?

Да. Причем борода, верхняя часть бороды распространяется до уровня груди, нижняя часть бороды распространяется до уровня пояса.

Поэтому у всех старцев такие длинные бороды? Во всех религиях это существует?

Да, во всех религиях, потому что брали из «Ветхого Завета».

Что такое тринадцать групп волос – юд гимель тикуней дикна? Что это по отношению к эгоизму?

Тринадцать групп волос – это внешнее проявление желаний, которые надо исправлять. Это возбуждение, которое выходит из кожи наружу.

Если проявляются на коже язвы и при этом затрагивают волосы, голову и подбородок, то понятно, что надо делать с этим человеком, каким образом изолировать его, потому что он не может быть полезным в обществе. Он находится в таком состоянии, в котором будет служить источником рака.

Будет заражать общество своим эгоистическим желанием?

Да, потому что будет включен во все. Значит, его надо изолировать.

Изолировать – не просто физически отдалить, а исключить контакт с ним. Никоим образом он не должен быть связан ни с кем другим в этом обществе до тех пор, пока не исправит себя отдельно. Обычно время исправляет, здесь он сам – наедине с Творцом.

Такие проблемы возникают на высоких уровнях, именно они и исправляют человека. Как у Моше: сунул руку внутрь, вытащил – проказа, сунул еще раз, вытащил – чистая. То же самое здесь – выявление очень глубоких эгоистических поражений.

ЖЕЛТЫЕ, РЫЖИЕ, КРАСНЫЕ

Человек может заразить остальных, которые еще не заражены этим эгоистическим желанием?

Если будет среди них, то он как бы сверлит в лодке дырку под собой.

Только сейчас я начинаю понимать то, что Вы говорили раньше. Например, есть группа, которая движется к раскрытию Творца, движется к исправлению своих эгоистических желаний. В группе есть люди, которые находятся в падении, спят, не хотят участвовать в чем-то. Вы говорите, еще придет их время, нельзя трогать этих людей.
Но есть другие, когда Вы говорите, что они вредят. Вдруг начинают проводить свою философию, схваченную где-то. Этих людей надо отстранить на время или даже навсегда?
Это и есть состояние проказы, которая начинает разъедать? Такое состояние даже цельную группу может подкосить?

Да. Потому что этот человек очень сильный, очень продвинутый, но в данный момент он обнаруживает у себя такие проблемы в эгоизме, что должен как-то изолировать себя, чтобы не влиять на группу.

Он сам находится на уровне коэна, он сам может изолировать себя, но излечить – нет.

Причем изолирует не физически, он изолирует себя в том, что постоянно работает над собой, чтобы не влиять на группу. Это называется «выведи его за стан». Он находится вне стана и остерегается дурно влиять на группу – таким образом постепенно вылечивает себя от проказы.

Сколько следствий! Человек, поднявшийся до уровня коэна, видит, что он влияет на группу и разрушает ее, и должен себя изолировать. Коэн как бы выводит его за стан. Хорошо, что мы это разбираем, это все – основа основ. Дальше: что такое – «желтые волосы»?

Желтые, рыжие, даже красные – не важно, какие. Зависит от уровня человека. Это не как у нас волосы всю жизнь одинаковые, пока не начнут белеть. Это свойства тех желаний, которые выходят наружу, и их надо исправлять. Зависит от того, на каком уровне они находятся в своей мощи.

Мы остановились на голове, на лице. Почему глаза, уши, рот, нос – почему именно на таких уровнях собрано лицо человека?

По образу и подобию. Если человек возьмет в свои руки две силы – положительную и отрицательную, свойство отдачи и свойство получения, – начнет правильно сочетать их между собой на всех уровнях эгоизма 0, 1, 2, 3, 4, то сборка всех этих свойств даст ему такое внешнее проявление, как тело человека.

И лицо, в том числе, конечно. Лицо человека – это то место, где он излучает свет хохма.

ГЛАВА «ЗАЧНЕТ»

Который потом, как мы говорили, спускается вниз?

Да, но это уже проявление на себя. А на других свет хохма исходит именно свободными участками лица. Это первое.

Второе – формирование. Есть определенный набор элементарных частиц, из них составляются сложные элементы, затем тела. Определенным образом формируются между собой печень, почки, легкие и так далее, собираются в тела.

Почему есть такие виды животных и между ними сочетания и поддержка этого гомеостаза? Почему есть изменение роста, изменение природы в ее эволюции? Это все взаимодействие лишь двух сил. Но что из этого получается, какая огромная бесконечная возможность сочетаний!

Все отверстия для получения информации находятся на голове. Вывод находится ниже пояса…

Это тоже имеет свои причины.

И духовный объект точно так же устроен?

Ну, еще бы! Все наше тело устроено действительно по образу и подобию, то есть по правильному сочетанию этих двух сил.

Допустим, зрение. Что такое духовное зрение? Для меня зрение – это то, что я вижу? Или нет?

Нет, это не то, что ты видишь. Ты ничего не видишь, видит мозг. В духовном мире это совершенно очевидно.

Все наше тело – это всего лишь слепленное папье-маше, а на самом деле мы ничего не ощущаем органами наших чувств: руками, языком, носом, ушами, глазами. Это все мы ощущаем внутри нас, внутри своего мозга и даже глубже его – внутри своего желания.

ДЛЯ ЧЕГО НУЖНО ТЕЛО?

Это просто декорация? По этой декорации ничего нельзя сказать о человеке?

Сплошная декорация – просто внешняя демонстрация наших внутренних свойств. Так сделано для того, чтоб ты видел, что перед тобой кто-то находится. На самом деле ты видишь все внутри, ощущаешь внутри, в своем мозге.

Нам кажется, что все зависит от внешних датчиков, от сенсоров, поскольку мы работаем в таком мире, на таком уровне. Но это не так. Мы все определяем и ощущаем внутри себя в желаниях, даже не в мозге, а в желаниях.

Говорят, что для исполнения эгоистических желаний используется только три процента возможностей нашего мозга, 97 процентов как бы спят. В каком случае будут использованы все 100 процентов?

Когда понадобятся. Когда мы включим большее желание, тогда оно будет использовать и большие возможности мозга.

Эти возможности мозга таятся в нас только для того, чтобы мы двинулись к исправлению, к отдаче?

Да, когда мы начнем взаимодействовать между собой в свойстве отдачи, мозг начнет расширяться. То есть запускать свои области, работавшие раньше в нейтральном режиме.

Тогда мы и начнем духовно видеть вещи, которые...

Да, но это уже не физический мозг. То, что мы видим, это демонстрация некоторых наших свойств, – наше тело не существует. Когда мы выходим в духовный мир, то вообще себя с этим телом не отождествляем, никак не ассоциируем.

Человеку надо держать в порядке свое тело, поэтому существуют специальные законы и указания – как. Но, в принципе, основную часть всей своей жизни он переносит на другую сторону – на сторону духа.

Для чего нужна внешняя часть? Для чего нужно тело?

Любое наше постижение, любая наша ступень начинается с тела – с нуля. Потому что нет совершенно никакого духовного постижения. Ты начинаешь с тела – оно перед тобой, как новорожденный, который потом постепенно развивается. Так и мы развиваемся на каждой ступени.

Тело должно болеть, страдать, умирать, разлагаться...

В соответствии с духовными ступенями. Пока мы не выходим на такой уровень, когда тело уже полностью идет на отдачу, и поэтому нет в нем противоположных сил, и таким образом нет в нем никакой возможности умереть. Такое состояние наших желаний называется вечным, совершенным. Когда мы приходим к этому состоянию, то и тело практически исчезает из наших ощущений.

В конечном итоге весь этот мир перейдет в такое состояние, в следующее измерение.

Перестанут существовать две силы – останется одна?

Нет, останутся две силы, но вторая сила так же, как и первая, будет работать на отдачу.

Когда человек входит в систему исправления, в постижение души, в раскрытие Творца, самое главное для него – понять, что все отрицательные силы имеют право на существование, только их надо преобразовывать в положительные. Они являются самыми плодотворными, плод-о-творными – дающими желательный плод.

В русском языке тоже есть корни, которые точно отражают суть. Только надо это постичь.

Да. Можно написать все на русском, на английском – на любом языке. Каббалисты это прописывали на языке Древнего Вавилона, поэтому взяли за основу иврит и арамит.

Продолжим, тут говорится:
/31/ ЕСЛИ ЖЕ ПРИ ОСМОТРЕ КОЭНОМ ЯЗВЫ СТРУПА…

Имеется в виду голова, когда говорится о струпе?

Да.

…ОКАЖЕТСЯ, ЧТО НА ВИД НАХОДИТСЯ ОНА ВРОВЕНЬ С КОЖЕЙ, НО ЧЕРНЫХ ВОЛОС НА НЕЙ НЕТ, ТО УЕДИНИТ КОЭН ТАКОГО ЧЕЛОВЕКА С ЯЗВЕННЫМ СТРУПОМ НА СЕМЬ ДНЕЙ.

ПЛЕШИВЫЙ И ЛЫСЫЙ – ЧИСТ

И дальше написано:
/33/ ТО ПУСТЬ СБРЕЕТ ЧЕЛОВЕК ВОЛОСЫ ВОКРУГ СТРУПА, ПО СТРУПУ ЖЕ ПУСТЬ НЕ БРЕЕТ. И КОЭН УЕДИНИТ ЭТОГО ЧЕЛОВЕКА НА СЕМЬ ДНЕЙ ВТОРИЧНО.

ГЛАВА «ЗАЧНЕТ»

Касание и не касание струпа – пусть сбреет вокруг струпа и не трогает волосы на самом струпе.

Обривать или не обривать волосы на любых местах тела в случае болезни – это метод исправления. Если не болезнь, то этого в принципе нельзя делать. То же касается и всевозможных татуировок, нанесения увечий (что запрещено) и так далее.

И татуировки запрещены?

Да, конечно. Ты ими калечишь свое подобие правильному сочетанию двух сил.

/40/ ЕСЛИ У ЧЕЛОВЕКА ВЫЛЕЗЛИ ВОЛОСЫ НА ГОЛОВЕ, ТО ЭТО ПЛЕШИВЫЙ, ОН ЧИСТ. /41/ А ЕСЛИ СПЕРЕДИ ВЫЛЕЗЛИ ВОЛОСЫ НА ГОЛОВЕ ЕГО, ТО ЭТО ЛЫСЫЙ, ОН ЧИСТ.

Вылезают волос – это что?

Пропадают желания, потому что они исправляются. Если желания исправляются, то уже нет их возбуждения, нет *соэр*. *Соэр* – это мощное слово, это страстное возбуждение к исправлению своих эгоистических проблем.

Желания исправляются, и волосы постепенно исчезают, пропадают, вылезают. У стариков тоже не такие большие бороды, как в молодости, борода становится реже, короче. Волосяной покров постепенно исчезает.

Не потому, что человек успокаивается?

Нет, в нашем мире так происходит и с нашим телом – это просто подобие Высшим силам.

Где-то я читал, что рабби Акива был без волос, то есть лысый?

Так говорится потому, что исправление его подходило к концу?

Ну, это тоже аллегорически. Да, он исправил себя.

И последняя ступень, когда страшная смерть, которую принимает рабби Акива, – последний шаг его к исправлению?

Да, это последняя ступень. Это самая тяжелая часть в изучении каббалы.

Масса открытий в этой главе происходит. Рождение мальчика и девочки, чистота – нечистота. Что такое эгоизм, который нельзя исправить, и эгоизм, который можно исправить. Что такое семь дней. Что такое группа и что такое вывести человека из группы или не выводить…

Человек начинает себя изучать, сам – себя. Читая это, он живет уже не просто историями. Это страшно важно.

Глава
«ПРОКАЖЕННЫЙ»

Глава «Зачнет» идет вместе с главой «Мецора» – «Прокаженный». Почему две главы идут вместе? Потому что обе говорят об очищении?

Да, *«Мецора»* – продолжение. Деление этих глав – чисто условное.

Глава «Прокаженный» очень похожа на предыдущую, но здесь есть некоторые дополнения. В главе «Зачнет» говорилось о том, что является чистым, что – нечистым, речь шла о желаниях, как мы выяснили. Очень много внимания обращается на то, что возникает на коже – язва, струп…

На коже – то есть на внешнем желании человека. Это является его шлаками, отходами – тем, что он не может принимать для того, чтобы работать с этим на отдачу и любовь к другим.

Говорилось: или надо совсем отставить в сторону эти желания, потому что работать с ними невозможно, или существует период закрытия – семь дней. На восьмой день проверяется, и снова – семь дней.

УРОВЕНЬ МОШЕ – ЭТО НЕ ЧЕЛОВЕК

Мы продолжаем предыдущую главу, и даже если будем повторяться – это повторение к лучшему. Глава «Мецора» начинается следующим образом:

/1/ И ГОВОРИЛ БОГ, ОБРАЩАЯСЬ К МОШЕ, ТАК: /2/ «ДА БУДЕТ ЭТО ЗАКОНОМ О ПРОКАЖЕННОМ. В ДЕНЬ ОЧИЩЕНИЯ ЕГО СЛЕДУЕТ ПРИВЕСТИ ЕГО К

КОЭНУ. /3/ И ВЫЙДЕТ КОЭН ЗА СТАН, И ЕСЛИ УВИДИТ КОЭН, ЧТО ВОТ ИСЦЕЛИЛАСЬ ЯЗВА ПРОКАЗЫ НА ПРОКАЖЕННОМ, /4/ ТО ПОВЕЛИТ КОЭН ВЗЯТЬ ДЛЯ ОЧИЩАЕМОГО ДВУХ ЖИВЫХ ЧИСТЫХ ПТИЦ, И КЕДРОВОГО ДЕРЕВА, И ЧЕРВЛЕНИЦУ...

И начинает делать жертвоприношение. Одна птица выпускается живой, другая – умертвляется.
Интересно, что все главы начинаются со слов: «И говорил Бог, обращаясь к Моше...», – весь разговор последних глав проходит через Моше.

Естественно. Уровень Моше – это не человек. Любой из нас, кто раскрывает Творца, должен раскрыть Его через промежуточную ступень, которая называется Моше.

Только таким образом, будучи облаченным в свойство Моше, человек может достичь контакта с высшей силой, с Творцом (это кетэр). Это свойство цельной бины, то есть абсолютно полной отдачи. После отдачи, выше, уже идет любовь.

Забегая вперед, скажу, что так происходит в Торе до конца повествования. Дальше Моше отходит в сторону – умирает. И дает возможность уже другим лидерам появиться на карте – внутри человека.
Следующий вопрос: прокаженного привели показать коэну – высшему врачу. Что такое – коэн выходит за стан?

Коэн и Моше – один и тот же уровень. В нем есть несколько подуровней. Моше – самое высокое свойство в бине.

Когда человек поднимается до уровня коэна (бины), то он должен просмотреть все свои желания, намерения, мысли, цели: кто он и куда движется. И после этого снова проверить себя – нет ли у него еще какой-то проказы (мецора) после семи дней очищения, то есть, нет ли изъяна.

Изъян – имеется в виду желание или мысль, которые бы работали на себя, ради себя. Как только такая мысль обнаруживается, значит, он еще не чист. И требуются дополнительные семь дней.

Если не обнаруживается такого, то человек называется чистым. Он действительно находится на уровне бины – свойства отдачи, но не реализации!

Каким образом подготовить его к реализации? Надо брать его желания и не просто сокращать от эгоистического наполнения, а действовать вопреки их прошлому намерению: от ради себя – на намерение ради других.

Начало выполнения желаний ради других называется *курбан* (от слова *каров* – приближение). Это то, что происходит с жертвоприношением.

Жертвоприношение – это курбан. Оно есть и у мусульман: курбан-байрам – этот праздник повелся с указания Торы. Берется определенного вида желание из неживого, растительного и животного состояния человека…

Поэтому для жертвоприношения берется птица, к ней прибавляется от кедрового дерева что-то, червленица, то есть животное и растительное?

Да, выбраны специальные внутренние свойства, которые имеют такое материальное воплощение. В нашем мире таким образом они описаны на языке ветвей, а не корней.

Когда каббалисты читают, они точно понимают, на что это указывает: на какие именно желания, намерения внутри человека, с чем он может начинать работать уже

ГЛАВА «ПРОКАЖЕННЫЙ»

сейчас на благо вне себя – на общество и через него на высшую силу, на Творца.

Общество и Творец – это практически одно и то же. Обществом называется, когда я пытаюсь работать и работаю на благо того, что обнаруживаю, вижу и чувствую вокруг себя. А внутри я обнаруживаю уже совершенно отстраненный от всего этого уровень.

Когда я работаю на отдачу, ни на кого и ни на что, а просто вне себя, тогда это называется работой на Творца. Я обнаруживаю совершенно новое свойство духовного мира, которое окружает меня на самом деле, и в котором мы находимся, и начинаю раскрывать его для себя.

НЕ ЖДАТЬ НИ УЛЫБКИ, НИ ДОБРОГО СЛОВА

Здесь есть видимая стадия: я вас вижу и хочу вас наполнить?

Если хочешь наполнить меня, сначала ты должен узнать, чего я желаю, проникнуться этими желаниями и начинать создавать то, чем ты можешь меня наполнить. Затем, когда ты меня наполняешь, то в этом своем действии ощущаешь высшую силу.

Ваша реакция мне не нужна для ощущения? Не ждать ни улыбки, ни доброго слова?

Нет. Если есть реакция, то это уже эгоистическое наполнение. Я не должен даже об этом знать.

Каббалист так и работает, никто не знает о нем. Поэтому каббала называется тайной наукой. То, что ты делаешь, проявляется затем в мире, в его всевозможных улучшениях, сближении между людьми и так далее, но само действие каббалиста не видно.

Вы сказали, что это переходной период: я отдаю как бы в никуда. Переход от отдачи человеку к отдаче в ничто. Это обязательные периоды, которые должен пройти тот, кто продвигается?

Да, конечно.

Дальше говорится о том, что человек чист:

/8/ А ОЧИЩАЕМЫЙ, **после того как признан чистым**, ОМОЕТ ОДЕЖДЫ СВОИ, И ОБРЕЕТ ВОЛОСЫ СВОИ, И ИСКУПАЕТСЯ В ВОДЕ, И СТАНЕТ ЧИСТ. ЗАТЕМ ВОЙДЕТ ОН В СТАН И ПРОБУДЕТ ВНЕ ШАТРА СВОЕГО СЕМЬ ДНЕЙ.

Что это – омовение?

Постепенное сближение с более внутренней работой.

Что такое «обрить волосы свои»?

Волосы – это неисполненные или еще пока неисполнимые желания человека. Волосы – на иврите *сэарот* от слова *соэр*, то есть возбужденный от невозможности реализовать себя на отдачу.

Когда ты сбриваешь волосы, ты избавляешься от этих желаний, ты согласен не пользоваться ими. На самом деле они – самые емкие, самые сильные твои побуждения.

Быть вне стана, вне своего шатра семь дней – это метод очищения.

Продолжаем:

ГЛАВА «ПРОКАЖЕННЫЙ»

/9/ И ВОТ: В СЕДЬМОЙ ДЕНЬ ОБРЕЕТ ОН ВОЛОСЫ СВОИ, ГОЛОВУ СВОЮ, И БОРОДУ СВОЮ, И БРОВИ ГЛАЗ СВОИХ, И ВООБЩЕ ВСЕ ВОЛОСЫ СВОИ ОБРЕЕТ, И ОМОЕТ ОДЕЖДЫ СВОИ, И ОМОЕТ ТЕЛО СВОЕ ВОДОЙ, И СТАНЕТ ЧИСТ.

После седьмого дня он обривает всё полностью. К чему его подводят?

Человек полностью избавляется от предыдущей ступени, на которой были обнаружены его еще эгоистические побуждения. Он проходит омовение.

В течение семи дней – это на самом деле сфирот – происходят его действия, в которых он исправляет свои оставшиеся эгоистические желания. После этого он уже готов, чист от своего эгоизма.

Вот интересно, я готов постоянно слышать эти слова – «любовь», «отдача», «очищение от эгоизма»…

А сколько можно говорить одно и то же? Если бы мы с вами были в постижении этих процессов, то тогда говорили бы много.

Вот пример. Тысячи часов в день на всех телеканалах уделяются питанию. Это самые популярные передачи.

Я помню, еще товарищ Сталин выпустил «Книгу о вкусной и здоровой пище». Издана шикарно. В стране был голод. Вместе с дедушкой я ходил за хлебом, потому что выдавали по две буханки в руки. Стоял в очереди вместе с ним, чтобы получить четыре буханки на двоих.

К чему я это говорю? В голодное время была выпущена «Книга о вкусной и здоровой пище», и люди покупали ее, и от нее наполнялись. Она их питала: там все было красиво расписано, с цветными картинками – в то время это было всё. Очень серьезный пропагандистский ход психологически сработал на все 150 процентов.

МЫТЬ – НЕ МЫТЬ? БРИТЬ – НЕ БРИТЬ?

Почему выпуск «Книги о вкусной и здоровой пище» не вызывал раздражения у голодных людей?

Я был в Америке у нашего издателя. Его жена занималась бриллиантами. Она приехала из России и на русском языке издала книжку о бриллиантах: какие есть бриллианты, их характеристики, с картинками. Издатель рассказывал мне: «Эта книга пользуется потрясающим спросом и продается особенно хорошо в таких районах, где бриллиантов в глаза не видели».

Я полистал книгу – красиво сделано. На русском, на английском, на других языках они ее издают. Просто потрясающий спрос. Люди, у которых нет бриллиантов, получают какой-то вкус от того, что рассматривают их изображение: их разновидности, как блестит, как переливается, сколько граней и так далее. Для них это как бы обладание этим богатством. Вот я и вспомнил про «Книгу о вкусной и здоровой пище», когда был у этого издателя.

О еде, о бриллиантах ты можешь говорить долго, потому что у людей есть вкус к этому, они хотят, они знают, что это такое. Я смотрю кулинарную программу: один делает так, другой по-другому, третий еще иначе – тысячу рецептов одного и того же блюда. У людей есть к этому различные вкусы, ощущения.

А здесь? Мы говорим о том, что обреет человек всего себя, голенький, бритый, теперь его еще надо окунуть – омыть его. Это должно быть выполнено особенным образом – в ритуальном бассейне. И после этого он будет чист.

Ну и что? Чист – не чист? Мыть – не мыть? Брить – не брить? Ничего не понятно! Кто сегодня бреется полностью? Ну, есть культуристы. Они бреют всё тело, мажут себя, чтобы мышцы были видны, искусственный загар и всё прочее. А остальные? Ни у кого нет никакого вкуса ко всему этому.

Я общаюсь с людьми, мне пишут, что когда Вы начинаете объяснять, произносить: движение к любви, к отдаче – человек, как зачарованный, начинает действительно слушать. В него это начинает входить.

Существуют маленькие микродозы света, которые светят в нашем мире. И если человек действительно так настраивается, он начинает ощущать эту волну, это его немножко притягивает к себе. Но прежде нужна специальная, я бы сказал психологическая, тренировка, а потом он сможет начать ощущать.

Это ощущение гораздо сильнее для людей, чем любая книга по питанию. Микродозы света очень оздоровительно влияют на человека, он хочет, чтобы в его жизни и в его доме была такая атмосфера.

Нет ничего более полезного для души и тела, чем свойства отдачи и любви. Этим человек избавляется абсолютно от всех пороков. Если бы мы могли научить раковых больных отдаче и любви, то они обнаружили бы в этом лекарство.

Да. Нобелевская премия была бы уже наша…

Ну, кто бы о ней думал? Тогда бы мы сразу всё испортили.

Да. Поэтому я и являюсь таким фанатом, в хорошем смысле слова, этой передачи, которая дает микродозы света человеку. Даже если Вы много раз повторяете: это к отдаче и любви, то человек как будто впервые слышит всё это. Этот парадокс меня всегда удивляет. Я много лет слышу одно и то же, и у меня всё время есть ощущение какого-то обновления.

Так происходит с людьми, которые понимают, что больше искать негде. И поэтому здесь действительно проявляется особое природное свойство.

Вы когда-то назвали Тору книгой рецептов о вкусной и здоровой пище.

На самом деле так, поэтому и называется *таамим* – вкусы. То, что мы объясняем сейчас, называется *таамей Тора* – вкусы Торы.

Но чтобы возник вкус, это надо ощутить. Когда я смотрю кулинарную программу – у меня слюнки текут! А здесь что? Забивают какого-то козла, начинают его разделывать, свежевать.

Или я себя брею, потом бросаюсь в бассейн, потом чистые одежды надеваю. Ну и что?! У меня нет адекватного восприятия всех этих духовных действий, всех этих описаний!

Скажем, я должен, читая, вкушать и ощущать, какие желания, какие свойства, каким образом работают сейчас во мне: от чего я отказываюсь, к чему приближаюсь. Я должен чувствовать, потому что это желания, намерения, то, с чем я живу! Самое главное в данный момент для меня – приближение к истинному источнику, к Высшему, от которого зависит всё! Или это отдаление от него.

Здесь я работаю с самыми яркими свойствами. Но они описаны мертвыми для меня словами и определениями, это совсем не тот лексикон, который описывает мои чувства. И ничего не сделаешь, потому что это язык, который четко идет по связи корней с их ветвями.

Что толку, если я возьму кедр ливанский, березу, осину и червленый, скажем, моток веревки?! Что это?! Ничего! Это какие-то несуразные вещи! Совершенно глупые! О чем тут речь?! Но когда человек раскрывает в себе эти ощущения: я читаю, и во мне буря бушует! – тогда только тайное становится явным.

Так я и ощущаю: вот что с человеком происходит. Раскрытие – очень волшебное и чувственное!

БОЛЬШОЙ ПАЛЕЦ ПРАВОЙ НОГИ

Далее рассказывается, как должен происходить процесс жертвоприношения:

/10/ А НА ВОСЬМОЙ ДЕНЬ ВОЗЬМЕТ ДВУХ БАРАНОВ, БЕЗ ПОРОКА…

/14/ И ВОЗЬМЕТ КОЭН КРОВИ ПОВИННОЙ ЖЕРТВЫ, И ПОМАЖЕТ КОЭН МОЧКУ ПРАВОГО УХА ОЧИЩАЕМОГО, И БОЛЬШОЙ ПАЛЕЦ ПРАВОЙ ЕГО РУКИ, И БОЛЬШОЙ ПАЛЕЦ ПРАВОЙ ЕГО НОГИ. /15/ И ВОЗЬМЕТ КОЭН ОТ ЛОГА МАСЛА, И ПОЛЬЕТ НА ЛЕВУЮ СВОЮ, КОЭНА, ЛАДОНЬ. /16/ И ОБМАКНЕТ КОЭН ПАЛЕЦ ПРАВОЙ РУКИ СВОЕЙ В МАСЛО, КОТОРОЕ НА ЛЕВОЙ ЛАДОНИ ЕГО, И ПОКРОПИТ МАСЛОМ С

ПАЛЬЦА СВОЕГО СЕМЬ РАЗ ПРЕД БОГОМ. /17/ А ИЗ ОСТАЛЬНОГО МАСЛА, КОТОРОЕ НА ЛАДОНИ ЕГО, ПОМАЖЕТ КОЭН МОЧКУ ПРАВОГО УХА ОЧИЩАЕМОГО, И БОЛЬШОЙ ПАЛЕЦ…

Я не прошу Вас объяснить все, но хотя бы эти детали: рука, мочка уха…
Исправления. Исправления!
Коэн – самое высшее свойство бины. Кровь – самое низшее свойство в человеке: *дам* (кровь) – от слова *домэм* (неживое).

Уши, ноги, руки – это те свойства, с которыми должен работать человек. Естественно, ухо – тоже свойство бины в человеке. Большой палец правой руки: десять сфирот – пальцы, кетэр – на правой руке, уровень хэсэд. Правая рука – это хэсэд, правая нога – это хэсэд, большой палец – кетэр.

Мы приходим к состоянию, когда высший свет, который называется «коэн», начинает исправлять самые четкие, определенные свойства в человеке. Это кетэр дэ-хэсэд – большой палец правой руки. Потом кетэр дэ-малхут – большой палец правой ноги. Мочка правого уха, мочка левого уха – там есть два исправления. Сначала левого, потом правого.

Исправление кровью и маслом, потому что кровь – это *домэм* (неживой), а масло – уже бина. Масло – это свет хохма, идет из сферы хохма. Таким образом происходит исправление.

Я говорю, чтобы можно было слушать и слышать. Что значит – ты меня не слышишь? Свойство есть, а реализации нет. Слышать и слушать – это совершенно разные вещи. Слушать – ты слышишь звуки. Слышать – ты включаешь внутренний аппарат.

Когда на уровне хохма (правое ухо) включается свойство масло, тогда это свойство начинает воспринимать, ощущать и постигать тот уровень, на котором находится. Человек в таком случае становится постигающим, осознающим данный уровень. Уже действительно происходит его исправление.

До этого он слушал, а сейчас – услышал?
Да.

А что касается ноги? Это вообще интересная часть: 10 пальцев...
Это следующая часть должна в нем раскрыться, потому что 10 сфирот малхут низшего должны перерасти в кетэр еще более низкого парцуфа. И это мы должны обязательно исправить. Кроме этого нечего исправлять, потому что все остальные сфирот исправятся под этим.

Омовение ног – принято во многих религиях. К чему это? К тому, что если ты исправлен, под тобой немедленно начинает духовно рождаться следующий более низкий парцуф, более низкое устройство, система. И она строится из твоих десяти сфирот, называемых десятью пальцами ног.

Это различие между десятью пальцами рук и десятью пальцами ног?
Руки – это келим, сосуд, в который ты получаешь. Ноги – это то, что ты отдаешь, от чего отталкиваешься. Ноги – это то, из чего выходит следующий более низкий уровень, более низкая система.

Всё входит через голову и выходит через ноги. Это циркуляция.

Ноги опираются на землю, то есть на какое-то желание?

Да, но это желание – общее. Из этого общего желания ты должен начать создавать что-то определенное, что тоже будет нуждаться в исправлении.

Поэтому я должен очищать ноги? Чтобы это всё провести через исправление?

Да.

Почему между землей и ногами обязательно должна находиться обувь?

Считается, что человек не должен сидеть на земле. Надо обязательно постелить что-то между землей и собой. Хоть листочек бумажки, неважно что.

Земля считается абсолютно не исправленным, не проанализированным желанием, в которой перемешано добро и зло. Для того, чтобы начать ее анализировать, ты должен находиться вне ее, над нею. Поэтому просто на земле находиться нельзя, надо обязательно быть или в одежде, или что-то постелить – подушку подкладывали раньше.

Поэтому, наверное, чтобы что-то взять от земли, нужно ее вспахать и как-то обработать?

Это совсем другая система. Ты переворачиваешь землю для того, чтобы посеять. Если ты ее не вспашешь, ты не сможешь выявить в ней те силы, которые дадут зерну прорасти.

Глава «ПРОКАЖЕННЫЙ»

ПРОКАЗА НА ДОМЕ

Пойдем дальше:
/33/ И ГОВОРИЛ БОГ, ОБРАЩАЯСЬ К МОШЕ И ААРОНУ, ТАК: /34/ «КОГДА ПРИДЕТЕ В СТРАНУ КНААН, КОТОРУЮ Я ДАЮ ВАМ ВО ВЛАДЕНИЕ, И Я НАВЕДУ ЯЗВУ ПРОКАЗЫ НА ДОМА В СТРАНЕ ВЛАДЕНИЯ ВАШЕГО, /35/ ПУСТЬ ПОЙДЕТ ВЛАДЕЛЕЦ ДОМА К КОЭНУ И СКАЖЕТ ТАК: У МЕНЯ КАК БУДТО ЯЗВА ПОЯВИЛАСЬ НА ДОМЕ».

Начинается совершенно другой период: «Когда придете в землю Кнаан». Теперь идет речь не о теле, а о доме.

Дом, который находится еще и во внешних условиях, на той ступени, которая называется «Эрец Кнаан». Земля Кнаана.

Я слышал, что на теле человека может быть проказа, но никогда не слышал, что она может быть на доме? Что такое заражение дома?

Это всё – желания. Вокруг нас – одни сплошные желания, силы. Если сила эгоистическая, то на ней возникают всевозможные проблемы. Проказа, допустим. Есть дом, после этого *хацер* – двор, и потом уже пустыня, как бы свободное пространство.

Есть душа, душа находится в теле. Тело находится в доме...

Знаешь, как жучка за кошку, кошка за мышку и так далее. Так и здесь.

Душа находится в теле. Тело находится в доме, дом находится во дворе, двор – в открытом месте, в пустыне, так это называется. Пустыня – потому что там уже нет никакой власти.

Пять градаций: душа, тело, дом, двор, пустыня – это те же пять сфирот, как и везде. В изначальном виде они все эгоистические, поэтому мы должны их исправлять.

Мы говорили об исправлении тела. А теперь идет следующее – исправление дома. Моше объясняет по порядку такие же эгоистические желания, но на совершенно другом уровне. Не только на уровне дома. Где находится дом? Здесь он и указывает: не просто дом – дом, который находится в Земле Кнаан. В другом месте нет.

Человек зависит от того, где он находится, но человек – это мобильная система. Дом – нет. Дом четко привязан к земле. Человек и его двор не соприкасаются – между ними находится дом. Поэтому сейчас надо проверять уровень дома.

Интересно. Человек – действительно, так или иначе, подвижная структура. Дом стоит на определенном месте, на какой-то земле, то есть ты приходишь освоить дом в Эрец Кнаан. Дом находится в стране Кнаан. Что это значит?

Кнаан – это та страна или то желание (*эрец* – страна от слова *рацон* – желание), которое надо исправлять. Земля Израиля раньше называлась Землей Кнаан.

Когда ее исправляешь, она становится Землей Израиля. Исраэль – это *Исра Эль:* прямо к Творцу, на отдачу. Кнаан – еще нет.

Если сейчас обратиться к современному Израилю, этих постижений нет. Где мы живем – в Земле Кнаан или в Земле Израиля?

Глава «Прокаженный»

Кнаан, только лишь в земле Кнаан.

Вообще всё, что должно быть исправлено на уровне земли, и всё, что подлежит исправлению, называется кнаан. Это уровень, который подлежит исправлению. Есть еще части, которые очень далеки от этого.

Кроме Земли Кнаан, земля эта делится на Землю Израиля, потом – Иордания, Ливан, Сирия, Вавилон и весь остальной мир. Разделение идет в сторону убывания святости.

В сторону роста противоположного свойства – эгоизма, и сразу же здесь у нас – Египет. Какой эгоизм! Мумии делали! Обожествляли и увековечивали тело человека.

Если мы говорим о святости, то в центре находится Израиль?

Иерусалим. Дальше – страна Израиль. После этого – Иордания, Ливан, Сирия, Вавилон. И далее весь остальной мир. Это градация по убыванию от святости, то есть от отдачи и любви. Есть источник, где высшая сила проявляется больше всего, и затем она радиально расходится.

Если говорить о материальном мире, то эти страны сейчас доставляют больше всего проблем Израилю и тем самым заставляют его во что-то превратиться?

Конечно, эти страны самые проблемные! А почему? В них существуют такие же эгоистические силы, как и у нас.

Разве сегодня исходит из Иерусалима добрая сила? Сплошной жуткий эгоизм! И естественно, что это распространяется на всех, расходится кругами из Иерусалима, как из центра. Надо исправлять именно это. Поэтому Бааль Сулам и писал, что Иерусалим – это основа, источник всех нечистых сил.

А должен быть самым чистым?

Да. И то, что они создают нам проблемы, – это и есть постороннее давление, направленное на то, чтобы мы исправили свой источник. Тогда и у них всё будет хорошо.

Мы считаем, что мы не виноваты в войне в Сирии и в других местах. Мы виноваты! Мы не являемся источником добрых сил.

Во всем, что бы ни произошло в мире. Народы мира абсолютно правы. Только надо вместе работать над этим. То, что на нас будут давить, нам не поможет, мы это видели. Наоборот, надо самим вместе взяться за все и начать переделывать мир.

ЗАЦЕПКА В ДУХОВНОМ МИРЕ

В главе «Мецора» рассказывается о том, что является чистым, что нечистым, и этому посвящено много подробностей и деталей.

Да, это самое главное в наших желаниях – отделить чистые от нечистых. На самом деле, все – нечистые, все – эгоистические, но есть такие, которые можно исправить сейчас. А есть такие, которые исправить нельзя, они остаются на потом: исправляются или на следующей, более высокой ступени, или остаются в таком виде до конца и только в конце исправляются.

Из предыдущей главы стало понятно, что есть такие неисправленные желания, которые как бы выходят через кожу, становятся видны на коже человека.

Да, через все, что угодно. Уже сейчас, когда мы начали разбираться в генетике, в микробиологии, в клетке – мы видим, как работает клетка. В нашем организме триллионы этих клеток, и мы изучаем, как они работают внутри. Ядро клетки – это огромный механизм. Сегодня уже снято много интересных фильмов на эту тему. И самое главное – показано, как клетка все время исправляет себя, а то, что не может исправить, она выталкивает наружу.

Но нас интересует не выброс клетки наружу. Нас интересует, как мы исправляем свои желания. Потому что это – самое главное.

Тело, в конце концов, умрет. А вот если ты исправил часть своих желаний, то в них ты уже остаешься существовать. Чтобы у тебя было хотя бы какое-то минимальное существование в духовном мире – зацепка. А затем ты уже можешь дальше продолжать.

То есть, хватаешься за вечное. А все остальное?

А все остальное ты потихоньку перетащишь. Но самое главное – утвердиться там.

Ничего нет в жизни и вообще в природе по-настоящему непригодного. Есть непригодное для меня в данный момент, потому что я не способен его исправить.

Даже то, что производит человечество, тоже является необходимым?

Да. Но наш мир подсоединяется автоматически. Вслед за нашими желаниями, мыслями исправляется вся остальная природа, включая неживой уровень.

В главе «Мецора» говорится, что не только человек и человеческое тело, но и дом может быть поражен язвой проказы.

Потому что под домом имеются ввиду внутренние желания человека. Тора не говорит ни о чем другом, кроме как о человеке. И поэтому делит его на четыре стадии. Все делится на четыре стадии. И потому здесь тоже говорится: тело, одежда, дом, двор и потом весь остальной мир.

То есть пять частей. Но мы говорим о четырех, потому что самое главное – исправить эти четыре части.

Вот сказано:
ЗАТЕМ ПРИДЕТ КОЭН ОСМАТРИВАТЬ ДОМ. /37/ И КОГДА ОСМОТРИТ ЯЗВУ…

Человек, который поднимается до уровня «коэн» и способен исправлять свои желания, осматривает уже не тело и не одеяние – их он уже отмыл, и в них находится в исправленном состоянии. Он осматривает дом, более внешние желания. Чем желание более внешнее, тем его может быть, легче исправить, с одной стороны. Но, с другой стороны, чем легче исправить его само по себе, тем чаще оно мешает, выделяется, как помеха.

Есть обратная пропорция: чем тебе легче исправить, тем большая нагрузка. Исправить 1 000 килограммов легче, чем 100 килограммов, но еще труднее исправить 10 килограммов. В общем, это взаимосвязанные величины.

То есть, существуют легкие желания, которые легко исправить?

Да, но они – везде-везде. Как раличные бактерии, например, их повсюду полно – что ты можешь с ними сделать? Значит, ты должен от них защищаться. А есть такие страшные, которые в тебе уже живут, – вирусы какие-нибудь, которые ты должен внутри исправлять. Там уже другая работа, более внутренняя, но их меньше.

Глава «Прокаженный»

То есть все, что потихоньку заходит внутрь и является самым серьезным исправлением?

Да, это кирпичики, из которых мы должны в дальнейшем строить себя.

В нашем мире мы видим, что это такое. Миллиарды видов вирусов, всевозможных бактерий, всего того, что нас атакует. Это все поддерживает общий гомеостаз, равновесие. Без этого невозможно.

Конечно, можно закрыть на это глаза. Но если мы хотим разобраться в том, кто мы, для чего мы – найти смысл жизни, то, не зная внутренних свойств человека, это невозможно сделать.

/36/ ...ЗАТЕМ ПРИДЕТ КОЭН ОСМАТРИВАТЬ ДОМ
/37/ И КОГДА ОСМОТРИТ ЯЗВУ...

Когда человек проверяет свое желание, оно проверяется высшим светом, который светит на человека. И человек понимает, что у него существует язва, видит ее – эта язва проявляется относительно других.

Как он себя проявляет? Он должен соединяться с другими, общаться, входить в какое-то общество, пытаться делать движения ради других – «возлюби ближнего». И здесь он начинает видеть, что его желания находятся на уровне его тела, то есть на третьем уровне. Все проявляется относительно окружающего общества. Общее правило, общий закон Торы – это «возлюби ближнего, как себя». Все идет к этому, все определяется относительно стана, лагеря, города, деревни, всего человечества – относительно ближнего. Возлюби ближнего, как себя. Это все.

Относительно этого проверяются все свойства человека. Свойство человека – эгоистическое желание получать. И понемногу проявляется, насколько человек его исправил на полную отдачу другим. Исправление происходит от внутренних желаний к внешним. Внутренние – самые тонкие, и потом более внешние. И наоборот: внешние, а потом внутренние, смотря в каком стиле ты работаешь.

Сейчас мы говорим о третьем уровне исправления человека относительно ближнего, когда он исправляет свои желания третьего уровня, которые называются «дом».

Есть тело, есть одеяние, и есть дом. И в этих желаниях он видит, что часть из них оказалась пораженной эгоизмом. И что теперь делать с ними? Как это видит человек? Когда человек находится на уровне, который называется «коэн», на уровне бины (отдачи), тогда со своего уровня отдачи он смотрит на свой уровень, который называется дом (на эти желания), и может их четко анализировать.

ДОМ НЕ ПОДЛЕЖИТ РЕМОНТУ

А можно понимать так, что дом – это когда человек видит недостатки в ближних, а это недостатки его?

Конечно, можно. Если не в себе, то в других, а как же еще? Всегда так: или в себе, или в других.

Дальше написано:
И УВИДИТ, ЧТО ЯЗВА НА СТЕНАХ ДОМА, КАК ЗЕЛЕНОВАТЫЕ ИЛИ КРАСНОВАТЫЕ УГЛУБЛЕНИЯ, КОТОРЫЕ НА ВИД НИЖЕ ПОВЕРХНОСТИ СТЕНЫ.

То есть они уже приняли какую-то окраску, и они ниже поверхности стены. И дальше:

ГЛАВА «ПРОКАЖЕННЫЙ»

/38/ ТО ВЫЙДЕТ КОЭН ИЗ ДОМА КО ВХОДУ ДОМА И ЗАПРЕТ ДОМ НА СЕМЬ ДНЕЙ. /39/ И КОГДА НА СЕДЬМОЙ ДЕНЬ ВНОВЬ ОСМОТРИТ КОЭН ДОМ, И ОКАЖЕТСЯ, ЧТО РАСПРОСТРАНИЛАСЬ ЯЗВА ПО СТЕНАМ ЕГО, /40/ ТО ПОВЕЛИТ КОЭН, И ВЫЛОМАЮТ КАМНИ, НА КОТОРЫХ ЯЗВА, И ВЫБРОСЯТ ЗА ГОРОДОМ В МЕСТЕ НЕЧИСТОМ. /41/ А ДОМ ЗАСТАВИТ ОСКОБЛИТЬ ВНУТРИ И СНАРУЖИ. И ВЫСЫПЯТ ОБМАЗКУ СОСКОБЛЕННУЮ ЗА ГОРОДОМ, В МЕСТЕ НЕЧИСТОМ.

Вот так мы работаем с этим желанием?

Да. В общем-то, в таком понятном виде.

Просто весь наш мир, данный нам в ощущениях, – тоже ведь наши желания, ведь ничего этого не существует – все ощущается в наших желаниях.

И поэтому говорится совершенно четко и явно, что или я это ощущаю уже на более высоких уровнях – в силах, или я это ощущаю в желаниях, которые находятся на уровне материи и дают мне ощущение этой материи, ее формы, цвета, запаха и прочего. Но, в общем, это одно и то же, только желания – ничего другого нет.

А дальше говорится так:

/42/ И ВОЗЬМУТ ДРУГИЕ КАМНИ, И ВСТАВЯТ ВМЕСТО ПРЕЖНИХ КАМНЕЙ, И ОБМАЗКУ ДРУГУЮ ВОЗЬМУТ, И ОБМАЖУТ ДОМ. /43/ ЕСЛИ ЖЕ СНОВА РАСЦВЕТЕТ ЯЗВА…

И дальше – если окажется, что он нечист, то:
/45/ И ПУСТЬ РАЗРУШАТ ДОМ, КАМНИ ЕГО, И ДЕРЕВО ЕГО, И ВСЮ ОБМАЗКУ ДОМА, И ВЫВЕЗУТ ЗА ГОРОД, В МЕСТО НЕЧИСТОЕ.

То есть это уже разрушение дома.

Да, потому что он сам порождает из себя, в своей основе, эту заразу.

Эгоистически. Он даже новые хорошие свойства, которые ему придали, и их он как бы включил в свой эгоизм, испортил.

То есть, говоря языком нашего мира…

Не камни эти отдельные виноваты, а дом виноват. И поэтому надо его, конечно, разрушить.

То есть мы в одном случае сказали, что дом подлежал ремонту, а здесь мы говорим, что ремонтировать уже его невозможно.

Нечего делать, да.

И говоря о моем эгоистическом желании: сначала я мог с ним работать, а потом, когда через высший свет я осматриваю дом, я понимаю, что работать с ним уже невозможно.

И это желание я разрушаю. Это значит, что я его откладываю в сторону?

Да.

Оно не разрушается?

Нет, ты вывозишь за город, а потом после дома ты же исправляешь двор, а после двора весь мир.

И к отложенному, так или иначе, приду?

Придешь, конечно.

Это хорошо, что я не уничтожаю это все. Я отвожу и все равно дохожу, в конце концов, до всех этих желаний.

Глава «Прокаженный»

/46/ А ТОТ, КТО ВХОДИТ В ДОМ ВО ВСЕ ТО ВРЕМЯ, НА КОТОРОЕ ЗАПЕРЛИ ЕГО, ТОТ НЕЧИСТ ДО ВЕЧЕРА.

Дальше говорится о том, что остается в человеке или что выходит из человека – о чистоте человека. Вот такая цитата:
/1/ И ГОВОРИЛ БОГ, ОБРАЩАЯСЬ К МОШЕ И ААРОНУ, ТАК: /2/ «ГОВОРИТЕ СЫНАМ ИЗРАИЛЯ И СКАЖИТЕ ИМ: ВСЯКИЙ, У КОГО ПЛОТЬ СТАНЕТ ИСТЕКАТЬ СЛИЗЬЮ, ИСТЕЧЕНИЕ ЭТО НЕЧИСТО. /3/ И ВОТ В ЧЕМ НЕЧИСТОТА ЕГО ПРИ ИСТЕЧЕНИИ ЕГО: СОЧИТСЯ ЛИ ПЛОТЬ ЧЕЛОВЕКА ИСТЕЧЕНИЕМ, ИЛИ ЗАДЕРЖИВАЕТСЯ В ПЛОТИ ИСТЕЧЕНИЕ ЕГО, ЭТО НЕЧИСТОТА ЕГО».

О чем сейчас идет речь? Об истечениях, которые остаются или выходят?

Дело в том, что до конца полного исправления мы не можем исправить ни одно желание полностью. Есть интегральная система. В этой интегральной системе мы исправляем желания по уровням: ноль, один, два, три, четыре – пять уровней желаний. Но каждое из желаний совключено абсолютно со всеми вместе, и невозможно исправить ни одно полностью, потому что остальные не исправлены.

Но как же тогда исправить? Ты исправляешь только ту часть, которая может находиться в правильной коммуникации со всеми остальными, исправленными. И вот так ты и двигаешься постепенно.

Это целая система?

Да, это интегральная система, но ты к ней приближаешься пошагово, дифференциальным методом приближаешься к интегралу.

Сами мы не интегральны. Сами мы разделены на квадратики, на кубики, а в итоге должны принять интегральную форму.

Я к тому это говорю, что невозможно исправить даже самое маленькое желание, если не исправлена вся система. И поэтому постоянно есть возврат к тому же желанию и исправлению его на большем уровне или в другом качестве, в соединении с другими цепочками и так далее.

ЧЕМ БОЛЬШЕ ПРИБОРОВ, ТЕМ БОЛЬШЕ БОЛЕЗНЕЙ

Мы говорили о том, что становится видно на теле человека. И это самые неисправленные части. Дальше говорили о доме. И сейчас мы возвращаемся к телу.

Да, на следующем этапе ты начинаешь обнаруживать у себя следующие неполадки. Чем больше создают медицинских приборов, тем больше болезней обнаруживается. А раньше человек вроде был здоровым.

Так же с чтением медицинской энциклопедии. Как только ее начинаешь читать, так сразу понимаешь, что лучше лечь и умереть сейчас…

Это я и имел ввиду, что тут надо снова возвращаться к себе на следующем уровне.

Это уже «истечение», «*псолет*» – отходы. Те желания, которые невозможно исправить. Причем, они тоже на разных уровнях: твердое, жидкое, газообразное и так далее. Тут всё вместе, перемешаны все свойства. Четыре свойства всегда идут параллельно друг другу.

ГЛАВА «ПРОКАЖЕННЫЙ»

И все зависит оттого, на каком уровне ты исправляешь, и какое свойство ты исправляешь, и в соответствии с каким *авиютом* (толщиной своего желания) ты исправляешь.

Это может быть отношение к земле, и к растению, и к скотине, и к человеку. И получается, что тут вроде бы множество указаний, но это одно направление – вот в этом ты сейчас должен работать, хотя оно всегда относится к твоему огромному многоуровневому желанию, в котором ты находишься.

И дальше говорится:
/3/ И ВОТ В ЧЕМ НЕЧИСТОТА ЕГО ПРИ ИСТЕЧЕНИИ ЕГО: СОЧИТСЯ ЛИ ПЛОТЬ ЧЕЛОВЕКА ИСТЕЧЕНИЕМ, ИЛИ ЗАДЕРЖИВАЕТСЯ В ПЛОТИ ИСТЕЧЕНИЕ ЕГО, ЭТО НЕЧИСТОТА ЕГО.

Это истечение, это какое-то движущееся желание, которое остается внутри или выходит, как это можно охарактеризовать?
Это растительное желание?

Нет, не растительное. Это неживое. Это отходы тела. О чем они говорят? Они или выходят, или остаются внутри. И если они выходят, то, может быть, они и чистые – я не знаю. Но если остаются внутри, то тогда с этим телом, с этим желанием нельзя работать.

Что значит «отходы, которые остаются внутри»?
Ты не можешь разделить их – псолет (нечистые) от чистых, и поэтому не можешь чистые желания поднять к работе на отдачу, на связь с другими.

То есть они смешались – нечистые и чистые?

Вся сортировка желаний – для того, чтобы ты этими желаниями мог быть связан с другими.

Достижение всеобщего единого желания, быть всем в единой системе – это является задачей.

И дальше говорится, кто является чистым, кто нечистым.

/4/ ВСЯКАЯ ПОСТЕЛЬ, НА КОТОРУЮ ЛЯЖЕТ ИСТЕКАЮЩИЙ СЛИЗЬЮ, НЕЧИСТА, И ВСЯКАЯ ВЕЩЬ, НА КОТОРУЮ СЯДЕТ ОН, НЕЧИСТА. /5/ И ТОТ, КТО ПРИКОСНЕТСЯ К ПОСТЕЛИ ЕГО, ДОЛЖЕН ВЫМЫТЬ ОДЕЖДЫ СВОИ И ИСКУПАТЬСЯ В ВОДЕ, И БУДЕТ НЕЧИСТ ДО ВЕЧЕРА. /6/ И ТОТ, КТО СЯДЕТ НА ВЕЩЬ, НА КОТОРОЙ СИДЕЛ ИСТЕКАЮЩИЙ СЛИЗЬЮ, ДОЛЖЕН ВЫМЫТЬ ОДЕЖДЫ СВОИ И ИСКУПАТЬСЯ В ВОДЕ, И БУДЕТ НЕЧИСТ ДО ВЕЧЕРА. /7/ И ТОТ, КТО ПРИКОСНЕТСЯ К ТЕЛУ ИСТЕКАЮЩЕГО СЛИЗЬЮ, ДОЛЖЕН ВЫМЫТЬ ОДЕЖДЫ СВОИ И ИСКУПАТЬСЯ В ВОДЕ, И НЕЧИСТ ОН ДО ВЕЧЕРА. /8/ И ЕСЛИ ПЛЮНЕТ ИСТЕКАЮЩИЙ СЛИЗЬЮ...

Тут вообще идет такая градация. Каждое прикосновение к истекающему слизью является нечистым.

Каждый контакт с эгоистическими желаниями может передать заражение.

ЭТО И ЕСТЬ ВСЯ ТОРА

Что это по отношению к интегральной системе?

Интегральную систему, которая существует как бы в идеале, мы не рассматриваем. Это мы так говорим, а на самом деле ничего этого нет. Мы говорим о том, как человек ее создает в связи с другими.

И он не имеет права, не выяснив свои желания, начать что-то делать – он от этого только пострадает, потому что все в итоге разобьется. Он будет строить-строить, в итоге все рухнет, потому что где-то там находится какое-то эгоистическое желание, и оно сыграет, после того как будет включено во всю эту большую схему.

То есть обязательно должно быть выяснение этого эгоистического желания?

Это и есть вся Тора. Тора говорит тебе, как притянуть высший свет, чтобы в этом свете выявить в себе эгоистические и неэгоистические желания. То есть те, которые уже можно исправить, и те, которые уже исправлены, разделить их все на три вида: невозможно исправить, возможно исправить, исправленные.

Свет должен светить и выявлять во мне три эти уровня. И с выявленными правильными желаниями мне нечего делать, они уже готовы, их надо просто держать, не позволять им как-то соединяться с эгоистическими. Вот как здесь сказано: и на это место нельзя сесть, и если плюнет… и так далее.

Затем, те желания, которые могут быть исправлены, выявить и отдельно начинать их исправлять. И те желания, которые невозможно исправить, пораженные – те необходимо изолировать очень серьезно и только затем, на следующих уровнях, в той мере, в которой получаешь силы следующего уровня, смотреть снова на них и видеть, можно ли с ними что-то сделать.

«Касание» – это что?

Это и касание, это и включение в себя, и выход из себя в эти нечистые желания и наоборот, привлечение их к себе (якобы, можно с ними что-то делать)... Вот так постепенно мы идем.

Это такая лаборатория, на самом деле?

Да, это очень серьезное исследование внутри себя. Поэтому и называется «тайная работа», потому что никому снаружи не видна. Всё внутри себя.

Здесь говорится еще о сосудах.

/12/ А ГЛИНЯНЫЙ СОСУД, К КОТОРОМУ ПРИКОСНЕТСЯ ИМЕЮЩИЙ ИСТЕЧЕНИЕ, ДОЛЖЕН БЫТЬ РАЗБИТ. А ВСЯКИЙ ДЕРЕВЯННЫЙ СОСУД СЛЕДУЕТ ПРОМЫТЬ ВОДОЙ...

Почему есть такое разделение между глиняным сосудом и сосудом деревянным?

То, что впитывает в себя нечистоту, и то, что не впитывает: дерево не впитывает в себя нечистоту, потому что оно когда-то было растением. А глиняный сосуд – был землей, и поэтому он впитывает в себя. Глина слабее дерева. Дерево растет на основании того, что уже исправляет себя, сортирует, что верно, а что не верно, и поэтому оно более устойчиво к этой заразе. А глина, земля, неустойчива, она все поглощает. А дерево отторгает от себя то, что ему вредно, впитывает то, что полезно, и благодаря этому растет.

Поэтому сосуд из дерева более устойчивый к заразе, по сравнению с глиняным. Да-да, так это работает.

То есть мое растительное желание, которое называется деревом, устойчивее к любой заразе, скажем, к заражению эгоистическим желанием?

Потому что оно произошло от дерева. Это сосуд, то есть желание, находящееся на растительном уровне.

Говорится, что речь идет о сосудах?

Сосуд – это уже оформленное желание. И вдруг оно поражено. Тогда ему достаточно омовения, если на него будет работать свет бины.

И, кроме того, дерево – это зеир анпин, а бина может сверху вниз влиять на зеир анпин. Глина – это малхут.

В общем, это все сходится вместе.

Мы продолжим говорить, что такое желания чистые, нечистые; как нам откладывать нечистые и работать с более чистыми желаниями.

И это вся наша жизнь.

СЛЕДУЮЩАЯ СТУПЕНЬ – РЕБЕНОК

Мы приближаемся к концу главы «Прокаженный». Здесь сказано:

/16/ И МУЖЧИНА, У КОТОРОГО СЛУЧИТСЯ ИСТЕЧЕНИЕ СЕМЕНИ, ПУСТЬ ОМОЕТ ВСЕ ТЕЛО СВОЕ В ВОДЕ, И БУДЕТ НЕЧИСТ ДО ВЕЧЕРА.

Что такое истечение семени? Оно предназначено к рождению на самом деле.

Нет, он же не использовал его, чтобы оплодотворить женщину. То есть это не включает соединение между собой зеир анпин и малхут. Это использование неправильного желания. Женщина – это желание, годное к тому, чтобы принять свет ради отдачи. И когда они работают оба ради отдачи – он и она, то третья составляющая между ними называется «ребенок».

Их следующая ступень?

Да. Если же она не готова к этому, – допустим, нечиста, или вообще не предназначена быть женщиной, – то считается, что он проливает семя на землю. То есть это совершенно неподготовленное желание, и поэтому он нечист.

В любом случае – это женщина, желание. Но это низшее желание. Система жестко замкнута. Не может быть в нашем мире как-то по-другому. Обязательно под тобой всегда находится твоя низшая ступень. Но она не готова быть с тобой в контакте или по твоей причине, или по ее причине, неважно. Причин может быть много, и в итоге, когда свет из тебя выходит, он выходит в низшую ступень, а она к этому не готова. Тогда ты должен стать исправленным, потому что ты это не определил, ты это не подготовил и не сделал в качестве высшей ступени. И поэтому ты должен пройти очищение – омовение светом бины (подключиться к высшей ступени). Мужчина – это как зеир анпин, а высшая ступень – это бина. Значит, он должен омыться в свете бины (свет отдачи, хасадим), и в этот день, то есть уже с этим светом, который светит сейчас, он работать не может.

До вечера?

Да. Кроме того, есть сочетание мужчины и женщины в различное время суток, в различные сутки: будни, суббота, новолуние и так далее. Это очень интересные зависимости, когда ты можешь проводить свет сверху вниз, – не говорится ведь о животных соитиях, а говорится о работе со светом, и, конечно, здесь действуют законы очень сложные, составные и очень строгие.

Правильное соединение мужчины и женщины может произойти только вечером или ночью?

Правильное соединение мужчины и женщины происходит в состоянии, которое называется «ночь». Это духовное состояние, а не физическое. Потому что в состоянии, когда они не видят следующую ступень, их действия направлены только на отдачу. Тогда их действия четко альтруистические, без всякой связи с собой. Я ничего впереди себя не вижу, я только отдаю. Вот и вся ночь.

Как всё искажено в этом мире!

Нет. Только надо видеть сквозь эти материальные действия их внутренний смысл. Тогда они очень просто расшифровываются.

Желание женщины всегда должно быть к рождению следующей ступени?

А для чего же еще? Иначе они между собой не соединяются.

О нашем мире мы не говорим. Весь наш мир находится под эгоистическим желанием, и в нем ничего нет такого, что направлено на какие-то духовные действия, на исправления.

Мы говорим о духовных действиях. Они направлены только на отдачу, на «возлюби ближнего как себя», – в этом заключается вся Тора. То есть все действия должны реализовывать этот единственный закон. Так при чем тут самонаслаждение с мужчиной/женщиной в нашем мире? Я не ханжа – я здоровый нормальный мужчина, но это не имеет никакого отношения одно к другому. Это функционирование тела – так же как ты должен кушать, спать и так далее. А мы говорим о твоих духовных действиях с твоими же желаниями, которые находятся внутри **тебя**. Желания на отдачу, на любовь, которые ты направляешь, раскрывая систему связей душ между собой, находясь с этими душами в контакте и именно им передавая свои действия.

Причем же тут животные отношения мужчины с женщиной?

Постигнув это высшее состояние – соединение мужского желания быть проводником и женского желания принять этот свет и родить следующую ступень (это и есть чистое состояние) – уже можно смотреть на наш мир и понимать, что происходит в нашем мире?

В нашем мире все происходит по аналогии с духовным миром, только в чисто эгоистическом желании.

Через призму эгоизма?

Да. А действия, в принципе, подобны духовным действиям – только не в материи, а в духе. И все они направлены на отдачу. Но это всё путает.

ГИМН ЛЮБВИ!

А что такое соединение, если оно не происходит ночью, – в духовном понимании?

Есть действия, которые должны происходить ночью, которые должны происходить в полночь – зивуг дэ-хацот а-лайла, так называемый. Если действия должны происходить в субботу, то они должны происходить в минха в шаббат, то есть это во второй половине дня в субботу. И так далее.

Это различные соединения?

Да. Различные благостные времена для духовного контакта. Потому что духовный контакт, исправление, как мы и говорили ранее, требует в себе соединения нескольких условий, он – такой, составной.

Необходимы, во-первых, двое. Необходимо, чтобы они были под определенным воздействием высшего света, потому что ни у одного из них нет этого света, который бы их исправил, который бы их соединил, – не сами они устремляются друг к другу. Они просят о соединении, свет соединяет, и таким образом совместно девять первых сфирот и малхут (мужская часть – девять первых сфирот и малхут – женская часть) могут соединиться так, чтобы создать общее свойство отдачи и действие отдачи. В начале приходит на них свет исправления, который создает правильную комбинацию между ними, и потом приходит свет, который они уже между собой получают ради отдачи. И это является их духовным действием.

Это гимн любви!

Да. И если смотришь внутрь и видишь, как внутри нашего организма происходят всевозможные действия, то видишь четкое копирование этих духовных действий.

Только в организме это все происходит автоматически, без свободы воли, без поисков, без каких-то переживаний.

А эти три соединения, о которых вы сейчас говорили: утром, днем и вечером?

Это – в зависимости от духовного состояния общего мира, то есть общей системы: в субботу или в праздники, или в будни. Зависит от уровня человека. В нашем мире это зависит от его специальности, от его положения.

Специальности? Что вы имеете в виду?

Допустим, он землепашец, или моряк, или пастух, и так далее, – есть разница.

Сколько красивых тайн! А соединения, которые происходят три раза: утром, днем, вечером – эти три соединения называются молитвой?

Молитва предваряет исправление каждого из этих составляющих. Потому что есть молитва от низшей части (женской) к мужской, через нее – к Творцу. Есть молитва мужской части, когда вбирает в себя желание женской части, и от него – к Творцу. И есть то, что уже получают от Творца. Мы это изучаем: низший, средний и высший – три ступени, и как они между собой работают.

Только такой принцип передачи и существует? То есть должна быть возможность высшего передать это еще более высшему, от него получить ответ и принести это к низшему?

Да, к низшему. Больше ничего.

То есть мы практически всегда говорим о проводнике?

Да. И всегда они меняются местами! Если я сейчас кому-то передаю, то я считаюсь мужской частью, а получающий – женской. А если он, в свою очередь, кому-то передает, он считается мужской частью, а низшая – женской. И так далее. То есть нет постоянного, как в нашем мире, пола.

Пол меняется?

Да, пол меняется в зависимости от того, с кем ты находишься в контакте – с высшим, с низшим.

Любая отдающая часть является мужской?

Да.

То есть мы – женщина по отношению к Творцу?

Да. Все! Конечно. Мы – Малхут, Шхина, составляющие этой Малхут.

И вся задача – собрать эту женщину в одну? Соединить и получить от Творца свет?

Да. А Он считается мужской частью – зеир анпин.

ЖЕНЩИНА И ЛУНА

Дальше говорится:

/17/ И ВСЯКАЯ ОДЕЖДА, И ВСЯКАЯ КОЖА, НА КОТОРУЮ ПОПАЛО СЕМЯ, ДОЛЖНА БЫТЬ ВЫМЫТА ВОДОЙ, И НЕЧИСТА БУДЕТ ДО ВЕЧЕРА. /18/ И ЕСЛИ С ЖЕНЩИНОЙ ЛЯЖЕТ МУЖЧИНА С ИСТЕЧЕНИЕМ СЕМЕНИ, ТО ПУСТЬ ОМОЮТСЯ В ВОДЕ, И НЕЧИСТЫ БУДУТ ДО ВЕЧЕРА.

Это из той же области – соединение чистого и нечистого желания?

Абсолютно! Да.

Переходим к женщине.

/19/ А ЕСЛИ У ЖЕНЩИНЫ БУДЕТ КРОВОТЕЧЕНИЕ, И КРОВЬ БЫВАЕТ В ИСТЕЧЕНИИ ИЗ ПЛОТИ ЕЕ, ТО

СЕМЬ ДНЕЙ ДОЛЖНА ПРЕБЫВАТЬ ОНА В ОТСТРАНЕНИИ СВОЕМ…

Здесь мы уже входим в очень серьезные выявления исправленности малхут.

Мы говорим о каком-то цикле?

Да, во-первых, это цикл. И он связан с Луной. Мы знаем, что в нашем мире это связано.

Это далеко не все не знают.

Про лунный месяц? Когда-то вообще женщины имели эти истечения в строго определенное время, причем все, абсолютно все.

В одно и то же время?

Абсолютно все в одно и то же время. Все женщины в Израиле имели четкий недельный цикл. В один и тот же день, в начале месяца. Они находились под четким влиянием Луны и были в исправленном состоянии. И это так и должно быть. Потому что это только от Луны зависит, больше ни от чего.

Почему от Луны?

Луна – олицетворяет наше подобие Солнцу. Насколько мы затемняем Луну своим земным шаром и насколько ее открываем – это и есть исправление. Поэтому мы приветствуем новую Луну – новолуние, потому что начинаем работать на то, чтобы Луна раскрылась, то есть раскрылось наше подобие Творцу. Как мы знаем, два великих светила должны светить: высшее – это самый высший свет, и наше – когда мы будем подобны ему. Луна – обозначает меру нашего подобия Солнцу – подобие Творцу.

То есть, раньше было подобие Солнцу, и поэтому менструальный цикл был в одно и то же время.

Да, у всех женщин. А сейчас, конечно, все это по-другому.

Произошло разбиение? Вошли эгоистические желания?

Да. Но все равно, как только появляется истечение, женщина должна ждать его конца и потом еще отсчитать семь дней нечистых. А что значат сами истечения? Это и есть те желания, которые невозможно исправить в данный лунный месяц, и эти желания поэтому должны выйти наружу, их исправлять нельзя. А после того как они отойдут, очистится организм от них, омоется организм, после этого ты можешь с ними работать, и она может беременеть.

«Омоется» – это она окунется в воду миквы, это очищение?

Да, допустим. В духовном это под воздействием высшего света. А в нашем мире – в бассейне.

И тогда кровь, которая в ней осталась, начинает собираться в зародыш? Можно сказать так?

Нет, крови не осталось. Кровь истекла. Теперь семя, которое она получает, начинает питаться кровью. Но это кровь, которая уже из чистых сфирот, которые в ней остались. И так развивается белое семя отца и красное – кровь матери, и начинает развиваться плод.

И Третий дает душу?

А Творец дает душу, свет, который соединяет их. Так рождается следующая ступень.

ДУХОВНОЕ КАСАНИЕ

...И ВСЯКИЙ, КТО ПРИКОСНЕТСЯ К НЕЙ, НЕЧИСТ ДО ВЕЧЕРА. /20/ И ВСЕ, НА ЧТО ОНА ЛЯЖЕТ В ДНИ ОТСТРАНЕНИЯ СВОЕГО, НЕЧИСТО, И КТО ПРИКОСНЕТСЯ К ПОСТЕЛИ ЕЕ, нечисто будет… /22/ И КТО ПРИКОСНЕТСЯ К КАКОЙ-ЛИБО ВЕЩИ ее… /24/ А ЕСЛИ ЛЯЖЕТ С НЕЙ МУЖЧИНА ТАК, ЧТО МЕСЯЧНОЕ ИСТЕЧЕНИЕ ЕЕ БУДЕТ НА НЕМ, ТО ОН НЕЧИСТ СЕМЬ ДНЕЙ, И ВСЯКАЯ ПОСТЕЛЬ, НА КОТОРУЮ ОН ЛЯЖЕТ, БУДЕТ НЕЧИСТА.

Это один и тот же принцип – разделение желаний, чистых и нечистых. Касание – это что?

Касание этого желания – это ты уже заразился. Это касание душевное, духовное, ты уже каким-то образом отождествляешь себя с ним.

То есть, ты все время должен заходить в ковчег, закрываться от этих желаний?

О, постоянно! Постоянно быть внутри скорлупы, конечно!

/25/ И ЕСЛИ У ЖЕНЩИНЫ КРОВОТЕЧЕНИЕ ЕЕ ДЛИТСЯ МНОГО ДНЕЙ, НЕ ВО ВРЕМЯ ОТСТРАНЕНИЯ ЕЕ, ИЛИ ИСТЕЧЕНИЕ У НЕЕ БУДЕТ ДОЛЬШЕ ВРЕМЕНИ ОТСТРАНЕНИЯ ЕЕ, ТО ВО ВРЕМЯ ИСТЕЧЕНИЯ НЕЧИСТОТЫ ЕЕ НЕЧИСТА ОНА, КАК ВО ДНИ ОТСТРАНЕНИЯ ЕЕ ОНА НЕЧИСТА.

В прежние времена женщины уходили вообще, дома не были. Они отстранялись от домашних дел, пересиживали где-то. Это, кстати говоря, по-моему, еще у некоторых племен и сегодня осталось. И потом, когда она уже освобождается от этого, она омывается и возвращается к своим домашним обязанностям. Так это делается.

Я не представляю этого, откровенно говоря, тем более, если мы говорим, что цикл совпадал у всех женщины в одно и то же время, – это непонятно вообще. Но это то, что, дошло до нас, что так это выполнялось. Может быть, не всеми, не знаю. В нашем мире это всегда вопрос: как делалось по закону ветви и корня?

Всё-таки вы, так или иначе, касаетесь нашего мира.

Потому что в нашем мире пытались люди следовать форме и букве того, что написано: кроме того чтобы соблюдать это внутри себя, чтобы это было и снаружи – в материи.

И дальше говорится, что она должна очистить себя семь дней после того, как была нечиста и стать чистой.

/29/ А НА ВОСЬМОЙ ДЕНЬ ВОЗЬМЕТ ОНА СЕБЕ ДВУХ ГОРЛИЦ ИЛИ ДВУХ МОЛОДЫХ ГОЛУБЕЙ И ПРИНЕСЕТ ИХ КОЭНУ КО ВХОДУ В ШАТЕР ОТКРОВЕНИЯ.

И идет жертвоприношение. То есть, она берет эти свои животное желания?

Да, животные желания на уровне этих птиц, допустим, и возносит это на уровень коэна, на уровень бины. В таком случае поднялась малхут в бину, и она готова к тому, чтобы получать высший свет.

То есть она готова к следующей ступени?

Да.

Эта глава заканчивается в следующем предложении и как бы подводит итог.

/31/ ОТДАЛЯЙТЕ ЖЕ СЫНОВ ИЗРАИЛЯ ОТ НЕЧИСТОТЫ, ДАБЫ НЕ УМЕРЛИ ОНИ В НЕЧИСТОТЕ СВОЕЙ, ОСКВЕРНЯЯ ЖИЛИЩЕ МОЕ, КОТОРОЕ СРЕДИ НИХ. /32/ ВОТ ЗАКОН ОБ ИСТЕКАЮЩЕМ СЛИЗЬЮ И О ТОМ, У КОГО СЛУЧИТСЯ ИСТЕЧЕНИЕ СЕМЕНИ, ОТ ЧЕГО СТАНОВИТСЯ ЧЕЛОВЕК НЕЧИСТЫМ, /33/ И О ЖЕНЩИНЕ, СТРАДАЮЩЕЙ ПРИ ОТСТРАНЕНИИ СВОЕМ, И ОБ ИСТЕКАЮЩЕМ СЛИЗЬЮ МУЖЧИНЕ ИЛИ ЖЕНЩИНЕ, И О МУЖЧИНЕ, КОТОРЫЙ ЛЯЖЕТ С НЕЧИСТОЙ.

Надо соблюдать все эти законы, потому что иначе ты просто продолжаешь заражение нечистыми желаниями. И таким образом, не то, что они в тебе существуют, и не то, что ты их не выявил, а ты даже их еще и используешь, и распространяешь эту заразу в себе. Тебе будет намного труднее исследовать свои следующие желания и каким-то образом отделить чистые от нечистых, то есть направленные на благо других или на благо себе и во вред другим. Иначе быть не может – или себе, или другим. Поэтому надо их четко сортировать, как-то разделять и после этого уже исправлять и подниматься благодаря им.

Если человек не делает всего этого в правильном виде, то он не может подниматься духовно? Это абсолютно необходимые действия?

Да, все действия в Торе необходимые, только в зависимости от того, на каких ступенях ты делаешь. Но эти действия являются общими. То есть они на каждой ступени заново выполняются только в несколько ином виде, формате, более узком, более внутреннем, более утонченном.

Здесь написано:

ГЛАВА «ПРОКАЖЕННЫЙ»

/31/ ОТДАЛЯЙТЕ ЖЕ СЫНОВ ИЗРАИЛЯ ОТ НЕЧИСТОТЫ, ДАБЫ НЕ УМЕРЛИ ОНИ В НЕЧИСТОТЕ СВОЕЙ, ОСКВЕРНЯЯ ЖИЛИЩЕ *МОЕ*, КОТОРОЕ СРЕДИ НИХ.

Что это означает «*Мое* жилище среди них»?

«И буду Я жить среди них». А о Храме написано: «Мой дом». И так далее. Почему? Потому что, то желание исправленное, которое мы создаем, это и есть жилище Творца. Это сосуд, который мы исправляем, и который Он наполняет именно Своим светом.

Это и есть Его жилище. То есть Он находится внутри наполнения исправленных желаний, их наполнения – это сам Творец. И поэтому там, именно в исправленных наших желаниях, мы Его раскрываем.

То есть там и ищи Его – в своих исправленных желаниях?

Да, поэтому «возлюби ближнего как себя» – в этих желаниях, в устремлениях твоих к соединению с ближним, ты и найдешь Творца.

Физическое соответствие этим законам необходимо?

Это мы выясним в процессе изучения Торы.

Приложение

ОБ ИЗДАНИИ «ТАЙНЫ ВЕЧНОЙ КНИГИ»

«Тайны Вечной Книги. Каббалистический комментарий к Торе» – многотомное издание, передающее содержание одноименного цикла передач с каббалистом Михаэлем Лайтманом. Автор и ведущий – Семен Винокур.

Уникальное издание впервые приоткрывает завесу тайны о истинном смысле Торы. Знания, которые тысячелетиями передавались из уст в уста, хранились от посторонних глаз и ушей, сейчас раскрываются нам, потому что пришло время.

В каждом томе последовательно дается каббалистический комментарий к недельным главам Торы.

СОДЕРЖАНИЕ ТОМОВ

Том 1, главы Торы: «В начале», «Ноах», «Иди себе».

Том 2, главы Торы: «И открылся», «И было жизни Сары», «Вот родословная Ицхака…», «И вышел Яаков».

Том 3, главы Торы: «И послал», «И поселился», «В конце», «И подошел», «И будет», «Имена», «И явился», «Идем».

Том 4, главы Торы: «Когда послал», «Итро», «Законы», «Пожертвование».

Том 5, главы Торы: «Укажи», «Когда будешь вести счет», «И собрал», «Исчисления», «И призвал»

Том 6, главы Торы: «Прикажи», «Восьмой», «Зачнет», «Прокаженный»

Том 7, главы Торы: «После смерти», «Будьте святы», «Скажи».

Том 8, главы Торы: «У горы», «По Моим законам», «В пустыне», «Исчисли».

ПРИЛОЖЕНИЕ

МИХАЭЛЬ ЛАЙТМАН

Михаэль Лайтман (философия PhD, биокибернетика MSc) – всемирно известный ученый-исследователь в области классической каббалы, основатель и глава Международной академии каббалы (МАК) – независимой, некоммерческой ассоциации, занимающейся научной и просветительской деятельностью в области науки каббала.

М. Лайтман – автор более 70 книг по науке каббала, переведенных на 40 языков, являющихся углубленными комментариями ко всем оригинальным каббалистическим источникам.

СЕМЕН ВИНОКУР

Автор и ведущий серии передач с Михаэлем Лайтманом «Тайны Вечной Книги», писатель, сценарист, кинорежиссер и продюсер более восьмидесяти документальных и художественных фильмов, лауреат премий и наград 12 международных фестивалей за лучшие документальные фильмы, обладатель приза Израильской академии кино за лучший сценарий игрового фильма.

МЕЖДУНАРОДНАЯ АКАДЕМИЯ КАББАЛЫ

http://www.kabacademy.com/

Учебно-образовательный интернет-ресурс – неограниченный источник получения достоверной информации о науке каббала.

Миллионы учеников во всем мире изучают науку каббала. Выберите удобный для вас способ обучения на сайте.

Контакты в Израиле:
тел.: 035419411
email: campuskabbalahrus@gmail.com
Facebook: https://www.facebook.com/campuskabbalah

УГЛУБЛЕННОЕ ИЗУЧЕНИЕ КАББАЛЫ – ЕЖЕДНЕВНЫЙ УРОК

http://www.zoar.tv/

Каждое утро на сайте ведется прямая трансляция уроков каббалиста Михаэля Лайтмана для всех, кто занимается углубленным, ежедневным изучением науки каббала и исследованием каббалистических первоисточников.
Видеопортал Зоар.ТВ располагает уникальным контентом в виде бесплатных видео материалов, видеоклипов, ТВ онлайн, добрых фильмов онлайн, музыки.

ПРИЛОЖЕНИЕ

ИНТЕРНЕТ-МАГАЗИН КАББАЛИСТИЧЕСКОЙ КНИГИ

Все учебные материалы Международной академией каббалы основаны на оригинальных текстах каббалистов.

Израиль:
http://66books.co.il/ru/

Россия, страны СНГ и Балтии:
http://kbooks.ru

Америка, Австралия, Азия
http://www.kabbalahbooks.info

Европа, Африка, Ближний Восток
http://www.kab.co.il/books/rus

Михаэль Лайтман

ТАЙНЫ ВЕЧНОЙ КНИГИ
Каббалистический комментарий к Торе
Том 6

Технический директор: *М. Бруштейн.*
Редакторы: *Э. Сотникова, А. Постернак.*
Технические редакторы: *Л. Жиленкова, Э. Стосман, Н. Серикова.*
Верстка: *Ю. Дмитренко.*
Оформление обложки: *А. Мохин.*
Выпускающий редактор: *С. Добродуб.*

ISBN 978-965-7577-71-4
DANACODE 760-116